逆襲人生

21個底層邏輯

快速做出改變的高效率成長指南

呂白——著

作 者 序

PREFACE

（一）

曾經，我無數次感覺自己會度過一種極其平庸甚至失敗的人生。我出生在農村，智商一般，沒有任何特長，還是因為學了藝術才勉強上了一個本科大學。

我看過非常多「成功學」的書，裡面總結了很多成功人士的行事原則，我發現我自己不符合任何一條。

我做事3分鐘熱度、不自律、不刻苦、習慣晚睡、沉迷遊戲、工作不夠努力……所有普通人有的毛病我一應俱全。

甚至當我19歲賺到人生第一個100萬的時候，我也感覺是上天給的運氣，沒覺得自己有任何特殊的能力。

直到後來，我靠自己，持續不斷地做出成果。在北京4年收入翻了100倍，賺到人生第一個8位數，我才發現，原來智商、出身、名校不是成功的必要因素。

一個普通人也可以通過一些好的「習慣」改變自己。

這些習慣是種子，你獲得的財富是果實。

（二）

瑪律茨在 1960 年出版的《心理控制術》中說：「**精神世界的某些破舊立新至少需要 21 天的時間。**」

我和編輯討論本書的時候，我說，索性這本書的主題就以 21 天為週期逆襲人生。

21 天就能逆襲人生嗎？不能。只是 21 天內，肯定是不可能的。但這 21 天可以讓你具備一些真正成功的要素，這些「要素」不是努力、不是早起、不是自律，而是方法。

這 21 天裡，我會非常坦率地告訴你 21 個簡單的甚至是常識的道理，這些道理讓我這樣起點的人，真正感受到了「逆襲」力量，然後你只需按我給的方法去做，不停地做、使勁做、堅持做，就有可能改變你的人生。

就像《傳習錄》裡寫的那樣：「知之真切篤實處即是行，行之明覺精察處即是知。」我特別不想講什麼大器晚成的故事，也特別討厭聽「萬一不成呢」。我希望這本書能幫你，立刻、馬上、很快地看到效果，堅持 1 周，1 個月，哪怕只改變一點點。這些改變就是種子。

（三）

從 2019 年到現在，我出了 11 本書，我從不會隨便為了所

謂銷量或熱度去寫一本書。每一本書傳達的都是我的真情實感，每個觀點都是我當下的所思所感。我不會為了出書而出書。

我無比熱愛我的每一本書的序言，每次寫之前都會熬上幾夜，失眠幾個晚上，聽一些或傷感或舒緩的歌，慢慢讓自己進入情緒。

我在《底層邏輯》提到過，Stay hungry，stay foolish（求知若饑，虛心若愚）。我在《10 倍速成長》提到過巴菲特的合夥人查理·芒格說過的一句話：「商界中有一個非常古老的準則，分成兩步。第一步，找到一個最基本的簡單道理；第二步，嚴格地按照這個道理去行事。」

你我的成長又何嘗不是？

這本書寫完正文以後，我心裡浮現出這段話：

我是呂白，從山東省某某村 184 號到福布斯中國 U30 榜、胡潤 U30 創業領袖、當當年度影響力作家、益智節目《一站到底》冠軍，當你翻到這本書的時候，就是上天在提醒你，你要開始改變了。

2022 年 11 月於北京

底層邏輯 *01*

把握起床後的黃金1小時

　　我曾在直播的時候說，做社交平台只是我的一個副業，我是有主業的，而且主業並不輕鬆，日常上班，管著團隊，偶爾要出去講課、做諮詢，還要在業餘時間完成十幾本暢銷書的寫作。

　　很多人聽完，都驚訝於我對時間的高效管理，在直播間紛紛留言說：你也太自律了，是不是每天 5 點就起床的那種人？

　　其實並非如此。熟悉我的朋友們都知道，我從來不提倡「反人性」的自律，也不是一個崇尚早起，在「痛苦中自律」的人。

　　流水不爭先，爭的是滔滔不絕。真正讓我們收穫成功的，**永遠是正確的方法加上可持續的堅持。**

　　人生最大的痛苦，莫過於被自己無法把控的事情牽著鼻子走，以致長期處於被動狀態。自己無法決定心中所「想」，因此總是半途而廢，混沌迷茫。原本堅定無比的心，卻被忙碌沖刷得無影無蹤。

　　我自己也經歷過一整天被工作推著走，失去對時間的掌控感的狀態。當我充分理解 L 先生說的「你怎麼過一天就怎麼過一生」後，我開始利用起床後的黃金 1 小時讓我「提前做事」。我發現這個看起來小小的改變，居然翻天覆地地影響了我的生活。

漸漸地，我越來越享受這種「提前做事」帶給我的「高效率」。

《起床後的黃金1小時》裡提到過，**你想過什麼樣的人生，就過什麼樣的早晨。**

我把這個方法推薦給你們，希望你們也可以利用這個改變，享受高效的人生。

這是21天逆襲人生的第1天，如何用起床後的黃金1小時來改變自己？

我幫你定了一個原則和四個方法，每天花1小時把它們做一下吧。

↗ 首要原則：早起一定斷網

一旦你打開了手機裡的各種APP（應用程式），你就會被各種各樣的資訊裹挾，被比你爸媽都懂你的演算法抓牢。之前我在騰訊做產品時，有句話是這樣說的：什麼叫好的產品，好的產品讓使用者沉迷其中不能自拔。

很多人明明很早就醒了，起床運動一下、吃個早餐，整個

人會精神很多。結果一刷短影音，半個小時甚至一個小時就過去了，從一早就開始處於多巴胺的「高指標」刺激下，專注力嚴重受損。

《意志力心理學》中說，意志力的核心在於「轉移關注點戰略」，即先將注意力從極其渴望的物品上轉移，再將之轉移到其他事情上，同時注意未來的重點目標，就會實現「延遲滿足」。

基於此，我自己的方法是：

第一步，每天起床時，手機鬧鐘響了以後就不再碰手機，直到出門時再帶走它；

第二步，快速將注意力投入洗漱、運動、吃早餐等事情上；

第三步，規劃好今天需要做的工作，掌握當下短期目標的完成情況。

這樣一套流程下來，能節省大量時間，而且你在不斷回顧目標時，實現目標的緊迫感會不斷上升，你就會本能地意識到此時再看手機是多麼浪費時間的一件事。

與此同時，我會儘量縮短早晨不必要的時間消耗。

比如，我把搭配衣服的時間給省掉了，我有四五件一模一

樣的白色 T 恤，還有很多一樣的白色球鞋。作為選擇困難症患者，這樣能幫我節省大量時間。

再比如，我覺得戴隱形眼鏡太費時間了，我就做了近視手術，目前已經遠離眼鏡。

義大利詩人但丁說：最聰明的人是最不願意浪費時間的人。這就是為什麼賈伯斯只有黑色上衣、牛仔褲、運動鞋，很多大人物也都是同款式的衣服買很多件，換洗方便。

如果你希望效率更高一些，就應該把那些耽誤時間且無足輕重的事從你的生活中剔除。

說完原則，那麼起床後的黃金 1 小時到底怎麼用呢？
我會把 1 小時分為 4 個部分。

↗ 第一個 15 分鐘：
列好今天要完成的事情

《了凡四訓》裡有句話：「一日不知非，即一日安於自是；一日無過可改，即一日無步可進。」沒有目標的一天只是活著，而有目標了，才是享受人生。

很多時候我們當天的效率低、沒有結果，是因為我們不知道當天要達成什麼樣的目標。

所以早上起來該做的第一件事是拿紙和筆，**快速地寫下你今天要做的所有事情。但記住，less is more（少即多），這些事情不應該超過 10 件。**

↗ 第二個 15 分鐘： 明確優先順序，捨棄一部分目標

很多人會覺得自己總是很忙，而一旦你有這樣的感覺，你就會一直處於焦慮中。事情只分優先順序，而沒有做完的一天。

《與成功有約：高效能人士的七個習慣》的作者史蒂芬‧柯維說：你應該給事情排優先順序，再按優先順序把事情放進日程表。

這就像有一個空罐子，如何更高效地將之盛滿？肯定是先放大石頭；大石頭放完，罐子還有空間，那我們再放中等大小的石頭；放完後，罐子還有一點點空間，那我們再放小石子。直到用石頭把罐子裝滿為止。

按照優先順序來做事情，這就是我們常說的「要事第一」。

把事情列入四個象限中：重要且緊急，重要但不緊急，緊急但不重要，不重要且不緊急。

我們一生，要多做第一和第二象限裡的事，少做第三和第四象限裡的事。

為什麼呢？因為重要且緊急的事情我們不做可能就活不了。比如上班，你不上班你可能連飯都吃不到了。

那些重要但不緊急的事情，是能改變我們命運的東西。比如我今年的目標是賺 500 萬（以下皆指人民幣），賺 5 萬對我而言其實就是一個重要但不緊急的事情。再比如你現在看一本書，看完準備去跟別人討論一下，充分吸收理解，獲取知識，也是重要但不緊急的事情。

不重要且不緊急的事一定不要做或少做。比如現在經常有人想請我吃飯，但其實 99% 不重要的飯局我都會拒絕。

我給大家算一筆賬：一般我要跟一個人吃飯，來回時間是 40 分鐘左右，碰上北京堵車，這個時間會更長，而且一般有約的話，你這一上午就不能再有其他重要的安排，往往飯局前後 1 小時都得浪費。

除了時間上的浪費，在吃飯的過程中，我還要跟對方聊 1

重要

重要但不緊急

準備工作
價值觀的澄清
計畫
關係的建立
真正的休閒

重要且緊急

危機
緊急的問題
有限期的任務
會議準備事項

不緊急　　　　　　　　　　　　　　　　　緊急

不重要且不緊急

細碎的工作
一些電話
浪費時間的事情
無關緊要的事情
一些電視節目

緊急但不重要

干擾
一些電話
一些信件
一些報告
湊熱鬧的活動

不重要

小時，這 1 小時會浪費我的精力和注意力。

時間和注意力是你人生最寶貴的財富，一定不要把時間和精力放在不重要且不緊急的事情上。在社交時，我們一定要學會「斷捨離」。低品質的社交不如高品質的獨處。放棄虛幻的社交活動，修煉自己比什麼都要重要。

有些同學問，不重要但緊急的事怎麼辦呢？不重要但緊急的事無非就是老闆叫你開會、老闆讓你幫他什麼忙之類的日常生活中不輕不重的工作，這種工作要做，但一定不要耽誤太長時間，速戰速決。

如果耽誤太長時間的話，你的人生就會變成碌碌無為的人生。記住：你人生 80% 的精力應該放在重要且緊急的事上，20% 的精力要放在想一想你的人生目標上。你未來的樣子，核心是由一系列重要但不緊急的事情構成的。

➚ 第三個 15 分鐘： 思考一下自己的目標

思考一下自己目標，哪些跟你的全年目標強相關。比如我

今年有三個目標，第一個目標是要賺 500 萬，第二個目標是今年要出 7 本書且總銷量為 50 萬冊，第三個目標是讓公司的規模翻一倍。

對於要賺 500 萬，首先我就要努力工作，把我的本職工作做好，讓我主業的收入能達到一個更高的水準；第二我要把我的社交平台做好，獲得一些可觀的額外收入；第三我要把我的個人 IP（影響力資產）打造好，讓自己的名氣更大一些，這樣就會有更多公司找我講課，找我做諮詢顧問。

這樣下來，我的目標以及實現路徑是很清晰的。我需要做的就是思考每季、每月、每日的目標是不是為這個總目標努力，我有沒有走偏。每天一定要花一些時間思考自己今天做的事情能不能為更好的明天做準備，要讓自己一直都行駛在自己的主航道上。

為什麼一到年底，很多人就不敢看自己年初設定的目標？因為失敗的設定目標太多了。最重要的原因是，我們光顧著設定目標，沒有去保證實現設定目標的路徑是對的。

都說差之毫釐，失之千里，你每一天的偏差，每一天把更多時間花在緊急但不重要的事情上，一天兩天看不出來，半年一年你就會發現自己跟最初的目標離得太遠了。

所以說，每天花 15 分鐘去思考一下目標，是對你的總目標的輔助，能讓你沿著你的目標線一點點前進。有偏差時，及時調整方向，就不會駛向另一個地方了。

↗ 第四個 15 分鐘：處理好自己的情緒

我們每天工作是什麼心情，會決定我們的目標能不能實現。

我每天都會寫成功日記，昨天做成了什麼事情，收到什麼誇獎。哪怕是很小的事情，我也會記錄下來。

我之前有個同事，他過去經營過社群軟體，他會把別人誇他的評論截圖都整理到一個資料夾裡，每天心情不好的時候就看看那個資料夾，看了以後心情就會變得很好。

這是一種不斷的正向激勵，不一定是什麼大事。它可能來自你做的一些小事，比如你今天按時到了公司，這就是你的成功日記，能讓你覺得你今天很棒，很厲害。很多人不自信，就是因為一直以來對不好的事情過分在意和關注，好的事情卻一概不關注，這樣如何建立起正向的情緒呢？

就像我一直跟我的同事說：**你的自信從來不是外界給你的，**

是你自己從你過去細小的成功裡累積的。

　　希望你們能從這種累積中找到自信！不妨就先從寫成功日記開始吧！

【起床後 1 小時計畫】執行清單

早起斷網計畫	回答
給自己早上預留 1 小時，你今後計畫幾點起床？（分為工作日和休息日）	工作日： 休息日：
早起關掉鬧鐘之後，可以做到不再碰手機嗎？	
寫下你起床後浪費時間最多的事情。	
將上一步寫下的事情能不做的去掉；必須要做的按優先順序調整，高效完成（比如選衣服，前一天睡覺前提前搭配好等）；將調整好的事情、提升效率策略、預計花費的時間寫在右邊。	

早起之後如何高效安排 自己的時間？	具體內容
第一個 15 分鐘： 列好今天要完成什麼樣的 事情。	今天要完成： 1. 2. 3. 4.
第二個 15 分鐘： 明確優先順序，以及刪一 部分目標。	根據四象限原則： 重要且緊急： 重要但不緊急： 緊急但不重要： 不重要且不緊急：
第三個 15 分鐘： 思考一下自己的目標。	我的全年目標是什麼？我今天做 的事情有沒有偏離軌道？我還需 要調整什麼？
第四個 15 分鐘： 處理好今天自己的情緒。	成功日記： 1. 別人誇了我什麼？ 2. 我做了什麼正確的事情？ 3. 我幫別人做了什麼事情？ 4. 我從什麼地方學到什麼事情？

底層邏輯 *02*

時間管理，高效能人士必會

第四季《脫口秀大會》節目裡有個脫口秀演員童漠男說了一句關於時間的話：

「**一個人啊，竟然可以在沒有錢，也沒有事業的同時，還沒有時間。**」

雖然搞笑，但仔細一想，這不就是我們很多人的日常狀態嘛。再扎心一點的說法，就是網路上洗版的「又窮又忙」。

有時候，又窮又忙並不是一種結果，而是一種被固化的「思維模式」。

最近，公司新招了一位營運新人，剛來公司還沒多久，每天的早會就遲到了兩次，交代的工作也不能按時完成。我經常發現她在半夜發工作報告。

我心想，難道是她的工作強度過大？按照目前的工作要求，考慮到她作為新人，還在適應期，於是，我單獨約她到辦公室聊聊最近的工作情況。

聊著聊著，她就哭了，說自己壓力大，明明很努力了，卻怎麼做都不行。每天沒有凌晨 1 點之前睡著過，早上 7 點就得起來。因為沒錢，只能住比較偏遠的地方，每天來回通勤都得 3 小時以上，又要趕早上的交通高峰期，晚一點就會遲到。

工作還沒上手，晚上稍微加一下班，到家就得 10 點了。以

前想的是下班後看書提升自己，現實是，根本沒時間、沒精力，整個人每天都很疲倦，關鍵是還感覺自己一天沒做什麼事，工作報告都不知道怎麼寫。

她的生活陷入了又窮又忙的怪圈，無法自拔。

為什麼會又窮又忙？除了年輕沒錢沒資源外，本質是沒有管理好自己的時間。

後來我幫她梳理了她的工作和日常時間安排，逐漸發現住得遠並不是很關鍵的問題，沒有計劃、思慮過度、不斷重作才導致她工作時間很長，卻沒有成果。

我一直有個觀點，如果你發現自己的工作時長特別長，就一定要去反思一下自己的時間管理是不是出現了問題。

德魯克說：**如果你計算一下你的時間，你會發現自己大把的精力，都花在了沒有意義的事情上。**

因為不可能有一個工作需要你花那麼長的時間，人也不可能有那麼長的時間可以專注在工作上。

歷史上那些最富創造力的人，諸如達爾文、狄更斯、哈代等，他們在一生中取得了舉世矚目的成就，但他們每天專注於工作的時間，也不過四五個小時。20 世紀 50 年代，美國一名心

理學教授，通過對科學家的職業生涯進行調查也得出了相似的結論：那些最高效率多產的科學家，平均每天的工作時長就是 4 ～ 6 小時。

所以，工作時間越長，只是讓我們看起來忙碌。但如果要想取得出色的成績，我們就不能只是看起來忙碌，而是要真正做到高效率工作。

這是 21 天逆襲人生的第 2 天，我們一起來做好時間管理吧！

↗ 第一，記錄你的時間

著名的管理學大師德魯克說過一句話：怎麼利用好時間，你要先會記錄時間，瞭解時間，知道你的時間被花在什麼事情上，這樣你才能去利用好自己的時間。

比如，通過記錄時間，我發現我有段時間遲到的原因有兩點：

一是起床玩手機，划了一下手機，20 分鐘就過去了；

二是我有選擇困難症，每次要搭配服裝的時候，都會糾結要穿什麼。

所以後來我就針對這兩點做了調整。

第一是直接起床，吃早飯。

起床的時候，手機鬧鐘響了以後就不再碰手機，直到出門的時候把它帶走。相信大家都會有「睜眼看手機」的習慣，但出門前不碰手機不僅可以集中自己的注意力，更可以理清一天的思路。

另外，早餐對我們來說十分重要。一般來說，早餐距離前一餐或最近一次進食的時間比較長，通常在 10 小時以上，如不及時補充熱量，我們的機體就會動用肝臟儲存的肝糖，而肝糖不足時，血糖就會降低。

有研究顯示，血糖水準低於 3.9mmol/L，會導致大腦興奮性降低，反應遲鈍，注意力不能集中，出現饑餓感，影響學習與工作。可以說早餐是啟動大腦的「開關」，長期不吃或者不科學地進食早餐都可能引發各種問題，比如影響青少年的生長發育，造成精神不振，誘發腸炎等腸胃疾病，讓人易患感冒、心血管疾病等，還容易造成發胖、加速衰老等。

只有進食早餐，攝取足夠的能量，才能在一整天保持較好的狀態。

第二，買成套的、一樣的衣服，成套穿走，可以節省大量時間。

關於記錄時間，這裡推薦柳比歇夫的時間統計法。

《奇特的一生》為我們講了一生實踐「時間統計法」的柳比歇夫的故事。柳比歇夫，是一名昆蟲學學家，同時還是哲學家和數學家。用今天的話來說，是一個跨界高手。

他去世後，所有的人，包括他的親人在內，誰也沒想到他留下了很多著作。他生前發表了 70 多部學術專著，涉及分散分析、生物分類學、昆蟲學、科學史、農業、遺傳學、哲學、動物學、進化論、無神論等，這些著作均廣為流傳。

這還不算最厲害的，他最厲害的是發明了一種方法，即時間統計法。他發明這個方法後，56 年如一日地應用和堅持下來。

我截取書中的記錄：

烏裡揚諾夫斯克，1960 年 4 月 7 日

分類昆蟲學（畫兩張無名袋蛾的圖）——3 小時 15 分鐘。

鑒定袋蛾——20 分鐘。

附加工作：給斯拉瓦寫信——2 小時 45 分鐘。

社會工作：植物保護小組開會——2 小時 25 分鐘。

休息：給伊戈爾寫信——10 分鐘。

看《烏裡揚諾夫斯克真理報》——10 分鐘。

看列夫・托爾斯泰的《塞瓦斯托波爾紀事》——1 小時 25 分鐘。

烏裡揚諾夫斯克，1964 年 4 月 8 日

分類昆蟲學：鑒定袋蛾——2 小時 20 分鐘。

寫關於袋蛾的報告——1 小時 5 分鐘。

附加工作：給達維陀娃和布裡亞赫爾寫信，6 頁——3 小時 20 分鐘。

休息：

看《烏裡揚諾夫斯克真理報》——15 分鐘。

看《消息報》——10 分鐘。

看《文學報》——20 分鐘。

看阿・托爾斯泰的《魔鬼》，66 頁——1 小時 30 分鐘。

每一件事，他都清楚地記下了時間的花費情況。最後他進行時間管理可以做到不看錶，依然能準確記錄時間，誤差在 15 分鐘以內。

↗ 第二，先完成再完美

朋友問我：「社交平台怎麼做？」我跟他講了很久我的心得。

沒過多久，我去問他：「你社交平台做得怎麼樣了，我的社交平台都快 5 萬粉絲了。」

我一問才知道，他還沒開始呢。他說：「我一想到做社交平台，就覺得，我需要買個相機；有了相機以後不會剪輯，又想去學剪輯；學了剪輯後覺得自己這個背景牆不夠好，又去網路上買些物料佈置一下。」

他一直在追求做最好的準備，若是沒有準備好，就不開始行動。

但沒有完成哪有完美呢？

我一開始做社交平台就非常簡單。背景牆不行，就隨便拿個白牆，不影響畫面就行，包括現在的一些裝飾，都是我慢慢去反覆運算、去升級的。

比如一開始剪輯不行，我就針對剪輯做了一些優化調整，現在剪輯已經很流暢完美了；粉絲回饋說背景音樂不行，就換了其他更適合的。一步步反覆運算更新，我的進步很明顯，後續也有很多爆量的影片出現。

講這個例子，就是希望大家理解一個東西：做事情不要花時間去糾結，因為你 90% 的時間會浪費在糾結上。

有這麼一句話，叫「down is better than perfect」，什麼意思呢？就是完成比完美更重要。你看騰訊軟體都是先上線，從零開始，可能很爛，很糟糕，但沒關係，你先上了再去慢慢反覆運算升級，2.0、3.0、4.0，包括微信這麼大一個軟體，很快做到了 10 億日流量，都是從 1.0 一直反覆運算到現在。

我之前在公司當中層管理者的時候，給老闆彙報工作，我都會讓同事先做一版 PPT（簡報），也許這版 PPT 很爛，很糟糕，沒關係，你先給我做出來，我們在這個基礎上去改，去優化。

為什麼要這麼去改呢？因為如果我們一直想，很難第一時間想到最好的解決方案，所以我們在初版中反覆運算，在反覆運算中趨近完美。

從 0 分到 80 分往往是最簡單的，它的難度沒有從 80 分到 100 分高，因為要追求完美，不是靠單純努力、投入時間和精力就可以做到的。

而很多人還沒做到 80 分，就在幻想怎麼做到 100 分，這是一種思維上的錯誤，進入了「思維死胡同」。與其去想怎麼能

做到完美，不如先踏踏實實做出 80 分左右的水準來。這是成事的基礎，正所謂萬事開頭難，只有先開頭，才能談進步。

快速試錯，快速反覆運算。事情做到 80 分，有個大概方向，就可以有更高的追求了；只有先開始了，才有反覆運算的空間。

↗ 第三，提高時間的利用率

把時間放在重要的事情上。每個人都有 8 小時的工作時間，為什麼大家做出的成果不一樣，因為每個人的關注點不一樣，有些人的關注點太分散了，別人 8 小時做 10 件事情，但他們 8 小時就做 5 件事情。

FB 創始人祖克伯曾經在公司內部分享自己的時間管理方法時提到過，保持專注，把一段時間聚焦在一件事上才是最有效的做事方式。

我有朋友是某創業團隊的企劃主管，由於是初創團隊，很多事情沒有明確分工，加上業務處於野蠻發展期，要及時應對的事情太多太雜。她之前是從「大廠」出來的，初次帶創業團隊，一時之間有點吃不消，整天被各種細碎的事情打亂節奏，感覺生活和工作都是被推著走。每天明明花了大量時間，卻仍然感

覺沒有做什麼事。

後來她找我聊天，因為我有過從「大廠」到初創公司帶團隊的經驗，想問問我的建議。

我告訴了她三個方法：

第一，梳理出目前的所有事情，只選擇做前三件最重要的事情；

第二，三件事情，先集中做一件事，做完一件再做另一件；

第三，安排下屬或者讓別人完成基礎工作。

過了 1 個月，她欣喜若狂地跑來告訴我，她已經漸漸能夠處理好她團隊的事情，做到有條不紊了。

我們把時間放在哪裡，就會從哪裡獲取收穫。一定要保證自己的時間和精力都放在重點的事情上，目標在哪裡，成果就在哪裡。

法國著名作家福樓拜和他的學生莫泊桑之間也有這樣的故事。

莫泊桑年輕時，有一次拜訪福樓拜，聊到自己的時間規劃，非常自信地說：

「我上午用 2 小時讀書寫作，用另 2 小時彈鋼琴，下午則用 1 小時向鄰居學習修理汽車，用 3 小時來練習踢足球，晚上，

我會去燒烤店學習怎樣製作燒鵝，周日則去鄉下種菜，一周的生活被安排得很豐富。」

福樓拜聽後笑了笑說：

「我每天上午用 4 小時來讀書寫作，下午用 4 小時來讀書寫作，晚上，我還會用 4 小時來讀書寫作，基本每天如此。」

福樓拜接著又說：「你每天做那麼多事，哪一個才是你的特長？有哪樣事情，你特別專一和做得特別好呢？」

莫泊桑想了想，講不出來。但福樓拜懂得「砍掉」很多不必要的事情，專注於寫作。

之後的 10 餘年間，每逢周日，莫泊桑都會帶著新作品，從巴黎坐長途列車到福樓拜位於里昂郊外的住所，聆聽老師對自己的寫作指導。

也許莫泊桑確實有寫作天賦，但如果缺少這份專注，「世界短篇小說之王」的稱號，我想應該不會屬於他。

如此有天賦的人尚且這樣，我們普通人想做成一件事，更應該學會專注。

學會專注，學會「少即是多」，是現代人最需要的「自律」，你想做成什麼事，就集中一段時間去攻破它。這件事會給你帶來正回饋，這樣你就能感受到專注的力量，進而提升專注力。

大多數人的專注力其實沒那麼強，也不太知道重點在哪裡，無非就是耐得住寂寞，孤獨地堅守罷了。

曾國藩說過：「凡人做一事，便須全副精神注在此一事，首尾不懈。不可見異思遷，做這樣想那樣，坐這山望那山。人而無恆，終身一無所成，我生平坐犯無恆的弊病，實在受害不小。」

長期專注於一件事情，似乎效率很低，短期來看自己的人生好像也不夠精彩。但，慢就是快，肯花大量時間做一件事，才能在充滿干擾的世界裡找到核心目標，並實現它。

米哈里・契克森米哈伊在《心流：最優體驗心理學》中指出，**專注能使人產生心流狀態——我們在做某些事情時，那種全神貫注、投入忘我的狀態。**

在這種心流狀態下，你甚至感覺不到時間的存在，你會有一種充滿能量且非常滿足的感受，此時你的效率和產能是最高的。

我們的精力是有限的，注意力是寶貴的，不要再把重要的資源放在無用的資訊及不重要的瑣事上，不然你會有很疲憊和被掏空的感覺；把時間花在重要的事情上，「砍掉」其他無關的事情，效率才能顯著提高。

正如《華為時間管理法》提到的，華為的員工根據其價值觀和理念，把全部精力放在完成一件最高優先順序的任務上，當完成的一瞬間，能感受到極強的成就感和滿足感。

這個世界，只有一樣東西對所有人都是公平的，就是時間。沒有人會多一分，也沒有人會少一秒，但你的時間用在哪裡，你的成就就會在哪裡。

如果你問我，你的精力放在哪裡最好，我覺得放在提升你自己身上最好。

我自己就是堅持一段時間只做一兩件事，一路「升級打怪」，如果再細一點，這 8 年我只做了一件事，那就是「新媒體」，我一直在做研究「新媒體棋譜」的那個人。

很多人會問我：「怎樣才能獲得融入高品質的圈子，獲得高品質的人脈、資源？」其實你只要做一件事，就是讓自己變得更好，讓圈子和資源主動來找你。「自己是梧桐，鳳凰才會來棲；自己是大海，百川才會來歸。」

從現在開始，你要默默地做好你該做的事情，把時間當作資產，讓自己值錢起來。

【時間管理】執行清單

時間管理計畫	具體操作
第一，記錄你的時間	**核心：**以周為單位，記錄 1 周的時間流向。知道自己的時間花在哪兒了，才能知道優化方向。 **1. 電腦可使用「Rescue Time」。** ● 輔助軟體：Rescue Time。可以記錄我們使用電腦上網或使用軟體所花費的時間，並且會在每天結束後自動生成一份分析報告，有利於我們檢討時做出更好的時間管理。 **2. 手機可使用自帶的「健康使用手機功能」。** ● 方法：開啟「健康使用手機功能」。開啟這個功能，手機會自動記錄你使用的時長及花在每個軟體上的時間。 **3. 記錄時間 APP。** ● 輔助軟體：愛時間（根據個人喜好，可以在網上自行尋找）。通過記錄電腦、手機的使用情況，再加上時間記錄，你就會知道自己 1 周的時間都花在哪裡了。
第二，先完成再完美	做一件事，30% 的時間花在計畫上，40% 的時間花在完成上，30% 的時間花在檢討反覆運算修改上。

時間管理 計畫	具體操作
第三，提高你每個時間段的專注度（重點在方法，搭配的軟體根據個人習慣選擇就好，比如我用得最多的是蘋果自帶的「日曆＋待辦事項＋備忘錄」）。	**核心：**列待辦清單，做重要的事；遠離干擾，專注工作；成果視覺化，複習與倒逼下一次專注。 **1. 明確目標，列待辦清單，做重要的事。** ● 輔助軟體：Todo 清單。有很強大的記錄待辦事項清單功能，還可以按照事情的重要和緊急程度將待辦事項劃入四象限，有清晰的資料報告。 **2. 遠離資訊干擾，進行深度工作。** ● 自我監督：儘量在工作學習的時候保持手機靜音；關掉通訊軟體通知，只保留消息提示；關掉一切不必要的 APP 通知…… ● 輔助軟體：Forest。它可以限制你玩手機的時間，比如你在工作時，打開 Forest 頁面，它就會開始統計你專注的時間，直到你完成工作。 **3. 將學習成果視覺化，感受專注的力量，倒逼專注。** ● 輔助軟體：番茄 Todo。首先，將需要長期堅持才能實現的目標或者任務添加到清單欄，然後每天完成一項就劃掉一項。這個軟體可以每天、每週、每月自動生成資料檢討，讓你更好地完善時間規劃，通過打卡將學習成果視覺化，有利於你堅持完成需要花很長時間才能完成的任務。

底層邏輯 *03*

賺錢思維，
提升認知才是關鍵

　　我曾有一位同事，他每天花大量精力在研究股票、買賣股票上，雖然年紀不大，但對投資很有一套自己的認知。他說自己的未來目標就是做自由職業者，靠投資為生。

　　每次聚會，他聊起的話題都離不開股票，每次股市一有好消息他都會跟我們講，也會鼓動我們去買。

　　當時的我不太相信股市，再加上金融知識不足，也不太願意認真學習理財投資，更願意「理性」思考風險，會有「賺錢哪有這麼容易，他這樣浮躁，遲早會吃虧」的想法。所以，一直以來，我都不把他說的話當回事。

　　但我們中的另外兩個人，因為家庭教育早就知道投資理財的重要性，很早就開始理財了。後來他們真的過上了靠投資收益就能應對日常開銷的生活。

　　但當時的我依舊選擇不相信，這是為什麼呢？

　　因為在我當時的認知中，買賣股票就是投機，就是賭博，完全不可控，怎麼可能你隨便買賣點股票就能賺錢呢？所以我對此是排斥的，即便看到兩個小夥伴確確實實賺得盆滿缽滿，我也還是不信。

　　現在的我，視野、認知都比之前層次高了，也開始進行投資理財。即便如此，這個經歷仍然經常提醒我，**當你的認知不**

到位時，即使機會就在眼前，你也會選擇性無視，更甚者，是自信到不相信。

如果你的認知到位了，賭贏了其中的一兩個機會，你可能就能富裕一輩子。如果你沒有足夠的認知，當機會來臨的時候，就算你抓住了，也賺不到錢，因為你不知道什麼時候撤離；而且憑運氣賺的錢，也會被你虧完，甚至可能加倍虧損，最後讓你傾家蕩產。

你永遠賺不到超出你認知的錢，永遠，不可能。你現在有多少財富，某種意義上而言對應著你有多少認知。

我們經常會聽到這麼一句話，只要努力你就能成為更好的自己。但我告訴你這句話不完全對，在我最努力的時候，也恰恰是我最賺不到錢的時候。我發現身邊很多人，如果只是單純努力，每天可能工作到凌晨也賺不到什麼錢。

所以希望大家都能從「思維固化」中跳脫出來，思考真正能賺錢的思維是什麼？背後起支撐作用的認知又是什麼？

這是 21 天逆襲人生的第 3 天，我們來說說賺錢思維。

↗ 第一個思維，充分利用時間

　　很多人都知道，賺錢方法分三種，第一種叫一份時間賣一次，第二種叫一份時間賣多次，最後一種叫買他人的時間。我們絕大部分人發不了財，是為什麼呢？因為你只是在將一份時間賣一次。

　　比如你給老闆打工，上 8 小時班，1 個月老闆給你多少錢，其實就是按你這 1 個月創造了多少價值計算的，相當於你把時間賣給老闆，這時候決定你能不能發財的核心是你的時間賣得貴不貴，也就是你的時薪夠不夠高，因為收入等於時間乘以時薪。

　　有的人月薪能有 1 ～ 2 萬，已經屬於不錯的收入水準了。能否做到這樣，就取決於你是不是某個領域的專家，你夠不夠稀缺。

　　什麼意思呢？比如我很早就拿到新媒體行業「天花板」水準的工資了。

　　一是因為新媒體行業那時剛興起沒幾年，還沒出現特別厲害的高級管理者，既懂流量，又懂產品，還懂賣貨，還在大公司裡工作過，操盤過上億流量，以上條件綜合起來，讓我有了一定的稀缺性，所以我在很早的時候就能拿到比較高的工資。

二是因為這個行業的專家太少了。經濟學告訴我們，一個東西的價格，不只是靠它的價值決定，也受供需關係影響。

如果你現在是某個人才飽和行業的專家，你也賺不到什麼錢。因為人太多了，競爭太大了，但新媒體領域相較而言還處於變化中，各行各業都在新媒體化，可靠的新媒體領域的行業專家，很容易拿到這個行業最高級的工資。

成不了專家怎麼辦呢？
你要思考第二個方法，叫一份時間賣多次。

拿我舉例子，我利用業餘時間出了很多書，這些書就好比是下蛋的母雞。我現在跟大家聊天，我睡覺、上班，哪怕我出去玩，這些書都在幫我賺錢，每時每刻，每分每秒，換句話說也叫「睡後收入」。

到現在為止，我的圖書版稅已經破百萬了。這就是我只花一份時間，卻能持續給我帶來收益的方式，除了金錢上的收益，還能持續給我帶來個人影響力。我的社交圈，包括人生機會，很多都是我的書帶給我的。

有人可能會說，如果我目前出不了書，怎麼辦呢？其實在

你無法撬動很大槓桿的時候，你要有意識地去累積一份時間賣多次的機會。

　　舉個小例子，持續堅持經營朋友圈，就是一種一份時間賣多次的表現。在你還沒有能力寫書，不是大咖，沒有那麼多人關注你的時候，朋友圈可能就是你最好的用內容展示自己「專業」和「人格」的平台，你發的每一條朋友圈訊息，就是在用一份時間，潛移默化地影響幾百甚至幾千人對你的認知，比如你今天看了什麼書，不發朋友圈就只是自己有收穫，但如果你在朋友圈發了感悟，即便只是一則讀書心得，也能讓你收穫別人對你「喜歡看書」的認知，久而久之，你就會撬動更大的機會。

　　我曾加過一個商業大佬為好友，我發現很多人將朋友圈設置成三天可見，他卻完全將之公開（當然了，可能有些不合適公開的內容他自己隱藏了），我當時一口氣刷到底，發現每一條都不是簡單的「廢話」，看完就感覺大佬真是那種「厲害還異常努力」的人。其中有一條，就是講他怎麼通過持續發訊息到朋友圈，拿到幾千萬融資的故事。

　　我再講個小機會的故事。

　　我有一位同事，他是我手下的一個實習生。我時不時就會看到他發自己做的 PPT，做得確實不錯，幾次之後，我就記住

了他的這個技能。雖然日常工作中沒有直接對接工作的關係，但我對他的印象還是比較深的。

後來，我正好碰到個機會，需要做 PPT，我就想到了他，他當時完成得也很出色，因此也得到一筆額外報酬。後續有些大佬的 PPT 製作業務，我就介紹給他了。慢慢地，他靠著這個打出了一些名聲，也有了一些穩定客戶。現在年紀輕輕就做了自己的自媒體，在業內小有名氣，收入自然也翻了不知多少倍了。

通過朋友圈的持續輸出，他也在原本很小的地方，輻射出了很強的能量。所以說，人生一定要多做一份時間賣多次的事情，因為一份時間賣多次才能讓你的生命值無限擴大。

所以，我很鼓勵你在朋友圈發一些自己的努力、自己最近的收穫、自己的技能等方面的內容，一方面通過輸出倒逼自己輸入，另一方面每一個小分享都會持續地影響別人的判斷，累積你在別人那裡的信譽值。通過一個一個小機會，慢慢撬動更大的機會。

第三個方法，學會買他人的時間。

這句話的意思不是說有錢才能買別人的時間，而是沒錢也要這麼做。一個有所成就的人，一定是善於借用別人時間的人。如果你事必躬親，那就算是做到死，也未必能做出一番成就。

有一個開淘寶店的女生，進貨、新貨上架、營運、客服，全都是自己完成，發貨由她老公發。好不容易賺了一些錢，還是捨不得找專門的客服，所有的事情都自己處理，結果沒有一個環節能做好。

另一個做跨境電商的朋友，一開始是夫妻兩人創業，他們把中國的鞋子通過亞馬遜平台賣到國外，一開始因為英文不太好，招了英語專業的實習生。

漸漸地他們把亞馬遜營運起來了，後來賺了一點錢，就招更多的營運人員，更多的客服，把公司的各個環節都分配給不同的專業人才。就這樣，事業越做越大，他們反倒越做越輕鬆，時間也越來越多，這就是借用他人時間來提升效率為自己帶來收益。

每個人所擁有的時間都是相等的，但那些成功的人無一不是懂得提升效率的人。通過這些方法解放自己，一旦你擁有了大量的時間，做任何事情都不僅能起到事半功倍的效果，還能快速地累積財富，獲得更高效的人生。

↗ 第二個思維，學會投資變現

我現在投資了一家燒烤店，還有一家酒吧，情況好的時候，光酒吧一年就能夠賺 20 萬元。

為什麼要這麼做呢？

因為我發現，單純靠自己的腦子、自己的才華、自己的體力，我可以賺第一桶金，但要賺更多的錢，就要學會投資。所有的富人，一定都是會投資的。他們要麼投資實業，要麼投資一些專案，要麼投資基金、股票。簡單來說，投資能力就是「讓錢生錢」的能力。

假設有一個人，大學畢業，23 歲投入工作（在當前教育制度下，這是比較常見的投入工作的年齡），他每年的稅後收入是 10 萬元（這也是北京、上海等一線城市大學畢業生比較普遍的收入），除去合理支出的錢，還可以存下 5 萬元（讓我們假設這個人比較節約）。在未來的時間裡，他的薪資和消費每年都以 4% 的速度增加，這樣到 60 歲退休的時候，他的年收入將達到 43 萬元左右，當年消費則為 21 萬元左右。

對絕大多數人來說，以上的範例算是一個比較中等的範例，並不算特別離譜。也就是說，這個範例可以代表不少普通人的

生活狀態。那麼，在這樣一個範例裡，投資對於這位「標準的普通人」，究竟有多麼重要呢？

在第一種情況下，假設這個人一輩子都不進行投資，所有的錢都換成現金放在銀行，那麼他這輩子從 23 歲工作到 60 歲，這 38 年的總收入，會是 860 萬元左右，總支出會是 430 萬元左右，可以存下約 430 萬元。

而在第二種情況下，假設這個人每年能夠把手上所有的資產都用於穩健投資，可以取得 10% 的投資回報，那麼他到 60 歲時的總薪資收入仍然是 860 萬元左右，總支出仍然是 430 萬元左右，但是他總共可以獲得 2700 多萬元。這 2000 多萬元的差額，就來自投資。

更有意思的是，對這位投資水準尚可的人來說，他的投資回報會在 37 歲那年超過 17 萬元，而當年他的薪資收入恰好是 17 萬元左右：他的投資回報第一次和他的薪資收入持平，並且從此以後遠遠高於他的薪資。在 45 歲的時候，他的當年薪資約 24 萬元，投資回報則約 48 萬元，是薪資收入的 2 倍。在 60 歲時，他的當年薪資是 43 萬元左右，投資回報則是 248 萬元左右，約是薪資收入的 6 倍。

雖然上面這個案例中的數字是假設的，但我們能看出來，這個差額是非常驚人的。

我自己很長一段時間就是這樣，能賺到不少錢，但我並不懂投資，導致我在原始累積的過程中就很累。

不要再把投資當成閒暇時的消遣，而要持之以恆地去做，像重視工作和教育那樣重視我們的投資。

同時，一定要理性投資，一定要針對那些你有把握的行業投資。像我自己投資了一些信託、港股、基金，也投資了一些實體的店鋪，而所有我投資的東西我自己都懂一點。

↗ 第三個思維，重視圈子

2020 年，有個大哥要我們去買特斯拉的股票，當時特斯拉每股才 80 美金，我就買了一點，很快它就漲到了每股 100 美金。

我有一個朋友，當時一下買了 600 萬人民幣的特斯拉股票，後來特斯拉從每股 80 美金漲到了每股 600 美金，他也一下就實現了財富自由。

高端的圈子相互扶持，抱團發展；低端的圈子彼此拆臺，互相嫉妒。

圈子很重要。人生路上一定要去結交一些比你有錢、比你有能量、比你更強的人，這些人會帶著你更快地認識世界。

　　遠離那些每天無所事事、憤世嫉俗的人，因為這類人會削弱你的能量。如果你此時沒有機會接觸大佬，請多交一些正能量、上進、積極的人，最好你們有一些共同目標，比如我有一群朋友，我們每天就是討論怎麼賺錢，怎麼提升自己，互相加油打氣，整個圈子都非常簡單、積極。

　　無論是小圈子還是大圈子，都有它的閃光點，就像聚光燈照射的地方一定很閃亮。

DAY. 3

【提升賺錢思維】執行清單

賺錢思維	具體操作
第一個思維： 充分利用時間	**核心**：用一份時間把自己打造成一個「產品」，再把這個「產品」用不同的形式賣出去，等自己有資本了，再買賣他人的時間。 **第一步，找到第二收入來源，打造影響力。** ● 本職工作 + 自媒體：精進本職工作，不斷地輸出本職工作方法論，打造「專業形象」。 ● 寫作 + 自媒體：開啟第二職業，最推薦寫作，當然，你有更喜歡的也可以去做，比如學外語兼職翻譯、學剪輯兼職剪片子等，持續不斷地輸出學習過程、經營副業過程等。 **第二步，通過個人影響力開始「一份時間賣多次」。** ● 寫書、講課、做諮詢等。 **第三步，雇人幫你去做一些事情，學會買他人的時間。** 這不一定是最後才做，比如你不會剪輯，可以找個兼職幫你剪輯，花更多時間在其他重要的事情上就行。我覺得這是一條目前而言對普通人 CP 值較高的路徑，路徑可以不一樣，本質是你要懂放大你的影響力，朝一份時間賣多次的目標前進。

賺錢思維	具體操作
第二個思維：學會投資變現	多學多看，終身學習；投資是一個槓桿，一定要重視。 ● 路徑：第一，學會攢錢；第二，學習投資；第三，不會的時候不要輕易下場（資訊時代，大家可以自己搜索相關資料，也可以看我寫的《極簡學理財》）。
第三個思維：重視圈子	**核心**：提升自己，有了資本，主動聯繫你想認識的人，進入你想進入的圈子。 **第一步**，確定一個階段性目標，找到 3～5 個同行人，一起努力達成； **第二步**，目標達成後，有了資本，一方面會有意想不到的人脈向你走來，另一方面你可以以這個成績去主動聯繫你想聯繫的人（現在的大佬們都有社交平台）； **第三步**，運用以上兩步，持續反覆運算你的目標和圈子。

底層邏輯 *04*

吸引力法則，你想要的都會來

朗達·拜恩在《秘密》一書中提到過「吸引力法則（Law ofattraction）」——**思想集中在某一領域的時候，跟這個領域相關的人、事、物，就會被它吸引而來。**

你生命中發生的一切都是你吸引來的，改變了思想就改變了命運。

也就是說，當你一心想實現某件事時，整個宇宙都會配合你。吸引力法則認為信念是一種能量，能夠將我們關注的任何事物吸引到我們的生活中來。

你可能會覺得這聽起來很玄？

但我告訴你，我曾經和你一樣也這麼覺得。我很早就聽說過「吸引力法則」的理論，只是當時是不屑一顧的。當時我覺得，只有弱者才信這套「神神道道」的東西，精英的成功靠的是專業的技術＋努力＋自律＋好運降臨時能牢牢把握住的能力。

直到最近幾年，我接觸了更厲害的人、更重要的事情之後，改變了我的思維。我才深刻地發現，**吸引力法則的意義在於「共同創造」**——你和這個世界進行合作，共同把你相信的東西給創造出來。

我真正相信它之後，一些不可思議的事情在我身上發生了。我很快獲得了現在的一切，在認知、事業等方面取得了令我自

已滿意的成果。

這是 21 天逆襲人生的第 4 天，如何用吸引力向宇宙下 KPI（關鍵績效指標）？

↗ 第一，吸引力法則比你想像中強大

愛因斯坦的老師、量子物理學之父 —— 馬克斯·普朗克，在 100 多年前（1918 年）就拿到了諾貝爾物理學獎，他認為，**世界上根本沒有物質這個東西，物質是由快速振動的量子組成。**

根據吸引力法則「同頻共振，同質相吸」的原理，外在世界就是內在能量的投射，假如你想過上幸福美滿的生活，調和內在能量狀態是至關重要的，而且是首要的。

很多朋友都聽過張德芬老師講過的一句經典名言，她說「親愛的，外面沒有別人，只有你自己」，講的就是這個意思。

假如外界投影出來的內容你不喜歡，你去修改「螢幕上的東西」，基本上是沒有任何幫助的。最根本的方法，應該是直接修改「電腦裡的檔案」，這樣外界投影出來的就會同步顯現。

吸引力法則，其實就是修內功，用內在的喜悅、豐盛去吸引同頻的能量。

你相信什麼，就會吸引到什麼，這叫心想事成 。

你懷疑什麼，什麼就會與你擦肩而過，這叫不信則無。

你抱怨什麼，什麼事就會在你身上發生，這叫怕什麼來什麼！

很多時候面對機會和挑戰，最主要的就是相信，然後付諸行動，結果就會像你相信的那樣。這叫意識決定結果。

相信就是力量！你關注什麼，就會將什麼吸引進你的生活。

你是什麼樣的人，就會遇見什麼樣的朋友。你是什麼樣的人，就會遇見什麼樣的愛人。

你是什麼樣的人，就會遇見什麼樣的生活。你是什麼樣的人，就會進入什麼樣的世界。

現在，這個法則被運用到社會心理學的領域中。說簡單點，就是指人的思想總是會與其一致的現實相互吸引，和頻率相同的人達到同頻共振。

舉個通俗易懂的例子，你總是擔心的壞事發生了，你會認為是你的直覺很準，其實這只不過是你的信念害了自己。相信在前，行為在後。此外，如果你堅信善良的人更多，那麼你真

的就會遇到很多善良的人。反之，你的周圍就會圍繞一群狐朋狗友、見利忘義之人。

很少有人知道吸引力法則的秘密，但實際上那些少數的成功人士正是因為悟到它，運用它，才最終走向成功。

↗ 第二，吸引力法則怎麼運用

第一步，從現在開始，你要大膽地、具體地想像你想要的生活。

我之前有個同事，他對賺錢非常渴望。我就問他：「你3年要賺多少錢呢？」他說不知道，反正要賺很多很多錢。我說很多是多少，他支支吾吾想半天說大概100萬。

其實這對吸引力法則而言是個非常不好的目標。你的目標不夠詳細，上帝想為你實現願望，他都不知道怎麼幫你完成。

既然你想要向宇宙下 KPI，就要具體地把這個願望描述出來，越詳細越好。

下面是我曾經給自己定過的一個目標，大家可以參考一下。

3 年以後，我要在北京 ×× 社區，×× 建案，買一個 ×× 坪的房子，大概需要 ×× 元。

這叫具體的目標。包括我自己一年要出幾本書，書的銷量是多少，這些書大概會給我帶來多少經濟收益，我都會列得非常清楚。

很早之前，我向宇宙下過一個訂單：宇宙啊，畢業 3 個月之內，我一定要在北京一次付清買一輛 BMW ！

我吸引到的結果是：我在剛畢業不到 3 個月的時候，就一次付清買了一輛 BMW 530，算上車牌落地花了差不多 45 萬元。

目前的我，已經在宇宙的幫助下完成很多 KPI 了，這是發生在我身上的真實故事。可以試著在下面的表格裡描繪一下你未來 3 年想過的生活。

在未來的第一年裡	在未來的第二年裡	在未來的第三年裡
我要改進：	我要改進：	我要改進：
我要提示：	我要提示：	我要提示：
我該做：	我該做：	我該做：

第二步，進行積極的自我暗示。

心理學講人是唯一能接受暗示的動物。你想什麼，你相信什麼，你就有什麼樣的氣場。

費斯丁格法則認為，生活中的 10% 是由發生在你身上的事情組成，另外 90% 則是你對這些事情的態度而引發的一系列活動。換言之，生活中只有 10% 的事情是我們無法掌控的。只要我們積極地思考，以積極樂觀的態度處理問題，就會推動我們產生積極的行為，最終也會讓我們得到一個我們想要的結果。

《潛意識的力量》作者約瑟夫‧墨菲堅信氛圍的感染力，他會在每天放鬆心靈時，反覆對潛意識訴說自己的需求，告訴自己「我非常愛錢，我用錢時會很高興，我希望我的錢還能多翻幾倍再回到我的錢包裡」。

如何構建這種氛圍呢？

我在《極簡學理財》裡面就介紹了三個方法。

第一個叫每天多看看你的錢。

我的電腦密碼是「JCWG」（家財萬貫），我的很多密碼都有很多 888（發發發），我在車上經常聽《財富自由之路》有聲書；一打開我的電腦，桌面就是我的三年目標。我每天都浸潤

在賺錢的目標和氛圍中。

第二個叫多交流。

有一句話是這樣說的：一個人的財富是其最常交往的 5 個人的平均值。

可以經常和愛「賺錢」的朋友們一起聊天，一起玩，你會發現不知不覺，你們的聊天內容都是在探討怎麼去「賺錢」，現在有什麼方法可以讓自己變得更好，有什麼新行業值得做，互相之間有什麼機會可以一起抓……

你自己一個人的時候，雖然有「賺錢意識」，但這個信號和這個「網」肯定沒有幾個人一起壯大。

第三個叫多感受。

我在定了買房子的目標後，就很喜歡關注一些建案的資訊，並且實地看房，自己腦海中也會經常幻想住進房子的感覺。然後激勵自己努力，等努力有了正回饋，又會增加很多信心。久而久之，我發現宇宙真的在給我配「房子」，這個目標離自己越來越近，每天就更有動力。

↗ 第三，心懷感恩

　　吸引力法則不是讓你坐等天上掉餡餅，而是要你快速行動、不要拖延、不要猜測。即使你一開始有了目標，但不知道怎麼去行動也不要緊。只要每天保持愉快的心情，心懷感恩，磁場就會慢慢轉變，吸引力就會把機會帶給你。

　　如果你的內心是糟糕的、沮喪的，你可以通過記錄值得你感恩的人或事的方式改變自己的心境。當你開始做這個練習的時候，你的生命就會出現更多值得你感恩的人和事，能將你的想法從負能量轉變為正能量，這種正向的磁場吸引來的東西往往也是正向的。

　　列出一張感謝表，目的是把你的能量轉移，從而改變你的想法。因為在這之前你老是想著自己沒有的東西，你可能把注意力集中在討厭的事情或者難解決的問題上。當你開始做這個練習，開始步入新的方向，開始對生命中的美好事物懷有感恩的心時，你就能吸引更多美好的事物，從此你的生命裡就會出現更多值得你感恩的事物。

　　我自己每天會寫感恩日記。感謝我身邊的誰幫我了，感謝我又獲得了什麼東西。那些能給我正回饋，能給我帶來能量，

能讓我發財的人，我會非常感激。後來我發現寫的東西多了以後，無形之中那些幫我的人更願意幫我了。

一切就是這麼神奇。

朗達·拜恩在《秘密》中就提到，感恩也許是讓你的生命更加豐富的方法。《少有人走的路》裡提到，懂得感恩的人，不僅自己快樂，也能給他人帶來快樂。心理學家肖恩·阿克爾通過研究感恩日記發現，每天晚上寫下 3 件新的、讓你心存感激的事情，持續 3 周你的大腦感知世界的方式就會發生改變。

感恩日記的具體實踐方法：從今天起，每天晚上睡前回憶並記錄下 3 件感恩自己的事情和 3 件感恩別人的事情，持續 3 周不間斷。這個方法和我之前說的成功日記可以同步進行。

當然，內在潛意識的力量是巨大的，外在必要的行動也是必不可少的，有些吸引力法則的初學者會有一些誤解，以為只要躺在家裡，什麼事都不用做，就可以心想事成，不勞而獲，不是這樣子的。

社交平台「水滴籌」創始人沈鵬，當初在大學時就決定要加入創業公司，為了加入美團購物平台，他給美團的幾個關鍵人物發了郵件。

2010 年 1 月，從中央財經大學畢業的沈鵬加入王興的創業團隊，成為美團第 10 號員工，經歷過千團大戰。2013 年年底，美團創立美團外賣，沈鵬擔任第一任專案負責人，帶領美團外賣從零做到市場銷售額第一。

　　充滿信心，相信自己可以辦得到，這種堅定的信念會促使你靠行動一步步不斷靠近自己的目標。

　　在這個過程中，可能我們都不會意識到自己一直以來都在努力，最終達成目標也只是覺得自己很幸運。這也是生活中很多人的縮影 —— 在運用吸引力法則，自己卻沒有意識。

　　但想要在生活和工作中做得更加出色，不妨有意識地使用吸引力法則。

　　首先，明確自己的需求，這個需求不能是一個模糊的概念，應該是具體的、可行的目標，並把自己的注意力都集中在這個目標上。在此特別提醒一下，不學習不看書不複習，還希望不要不及格，這不是在利用吸引力法則，只是在投機取巧，做白日做夢。

　　其次，對自己的目標充滿熱忱和渴望。對目標的渴求程度決定了吸引力法則能發揮多大的作用。

　　最後，是行動。無論是多麼細微的行為，無論是多麼小的

行動，都必須真正實踐起來才行。

　　你的行動，是啟動吸引力法則最重要的那一把鑰匙，你必須採取跟夢想相關的必要行動，向宇宙宣告你是玩真的。

【吸引力法則】執行清單

用好吸引力 法則三步驟	注意事項
第一步：拿出筆和紙寫下目標。	1. 不要使用「我不想、我想要、我希望、可能」這類詞，比如： 將「我希望能找到理想的工作」改成「我可以找到理想的工作」； 將「我不想再還信用卡」改成「我可以清零負債」； 將「我想要1年後賺100萬」改成「我1年後已經擁有100萬」。 2. 目標越細越好，你許願買房子，那麼你可以把什麼時間、什麼地點、什麼社區、什麼戶型、多大面積、多少錢等一系列你能想到的都寫下來。比如：3年以後，我要在××社區，××建案，買一個××坪的房子，大概需要××元。

用好吸引力 法則三步驟	注意事項
第二步：將目標視覺化並堅定信念。	1. 把喜歡的房子、車子，甚至未來的理想伴侶寫出來貼在牆上或放在自己的願景板裡！ 2. 堅定信念，把懷疑自己到底行不行這類思想丟掉，堅定的信念會轉化成正向的潛意識。
第三步：立刻執行並學會感恩。	方法：寫感恩日記。 1. 使用自己的專屬感恩日記本，用紙和筆手寫。 2. 每天固定的時間寫，定鬧鐘。 3. 每天寫 3 件事情以上，以感恩開頭。 4. 把感恩的原因和正面情緒加進去。比如：我喜歡……我欣賞……我感謝……我開心……我感覺到被愛…… 5. （可選）發送祝福給不喜歡的人，將負面情緒轉化為正面情緒。 6. 感恩未完成的事，加速它完成。 7. 堅持 21 天。

* 重點：看《秘密》這本書，深刻瞭解吸引力法則。

底層邏輯 *05*

向上社交，
破圈獲高價值人脈

巴菲特曾經說過一句話：「**你最好跟比你優秀的人混在一起，和優秀的人合夥，這樣你將來也會不知不覺地變得更加優秀。**」

我自己真實的感覺，我會比一些同齡人獲得相對更快的發展，就是因為我近幾年的社交圈普遍都是比我大 10 到 15 歲的人。我從 2017 年來北京，我相交甚好的朋友都是比我年長 10 歲左右的人，為什麼呢？

因為同齡人之間，在一起會比較隨意，聊的都是一些日常話題，比如今天去哪兒玩，吃到什麼好吃的。當然，我並不是說這些事情不重要，只是不太適合我「一心奮鬥」的狀態。

我跟年長的人在一起時，我們聊得更多的是怎麼去管公司，怎麼去賺錢，他們有著豐富的經驗可以啟發我怎麼更快更好地達成現階段的目標。

成長的路上有太多「隱性規則」，都是需要靠經歷和時間去探索出來的，這個過程，如果你一個人走，你就會走很多彎路。再比如，我現在取得了不錯的成績，但難免也有迷茫的時候，這些迷茫，大部分同齡人還沒經歷過，更不知如何開導我。但如果有個「大佬」，就不一樣了，因為他是「過來人」，在我眼裡天大的事對他來說可能都不是事。

年輕的時候，如果能有一些大佬開導你、指導你，真的會讓你少走很多彎路。

我自己就有切身體會，向上社交帶給我的幫助實在太大了。但我發現，平時在生活和工作中，很多人對向上社交是沒有意識，或者是恐懼的。

絕大多數人更喜歡與和自己差不多的人社交，比如和同學、同事等。與向上社交相對應，**這種叫「平行社交」**。

一方面，我們在生活中與同一階層的人更有話題，互相瞭解，交流起來不費力。另一方面，平行社交下，人與人之間相對平等，思維層次是相似的，我們不需要思考就可以獲得一段緊密關係。

但向上社交，對方在一個比你「高」的層級上，你自然而然會發慌，不敢開玩笑，這種「地位的不平等」，必然帶來交流的不平等。

我曾經帶一個朋友去參加一些大佬的飯局，別看他平時伶牙俐齒，到了飯局一看，全是真大佬，剛開始就蒙了，也不敢發揮，生怕自己說錯話，做錯事，索性直接不開口。

其實完全不必這樣，我們可以注意分寸，但不能過於妄自

菲薄，該主動的時候一定要主動，總不能等著大佬先來找你吧？

　　所以，我們很容易忽略向上社交，忽略去和自己的老師、領導以及一些專業大佬進行社交，其中最核心的原因就是，**我們不夠自信，沒有底氣與他們進行社交。**

　　楊天真關於如何向上社交的看法，有兩點我特別認同：

　　第一點，人際關係應該反著人性來。比如遇到高位的人，我們容易忐忑、崇拜、高看；遇到同輩甚至更低位的人，我們容易不屑一顧。反著來的意思是，**越是高位的人越不要高看，越要平視、不卑不亢；越是同級甚至更低位的人越要多給點面子，這樣人際關係就容易處理多了。**

　　第二點，及時總結跟高手之間的聊天，定期回饋，經常反思。這樣做的本質是讓他知道你是個認真努力的人，對他說的話很重視，並且真的在不斷成長，這樣別人才會越來越願意幫你。

　　向上社交和平行社交一樣，其實都是講究方法的，如果你能夠走穩每一步，向上社交就能易如反掌。那麼在生活當中，我們要如何進行向上社交呢？

↗ 一個原則：一定要主動出擊

我在二十多年的人生中悟到的最重要的一個詞，就是主動。

沒事就去參加一些行業論壇，或者參加一些聚會，厲害的人往往會作為分享嘉賓站在臺上。大多數人在專家分享完就走了，但其實，看完分享你只做了一半，另一半是爭取與分享嘉賓面對面交流，能加到聯繫方式，才是最終的成功。

通常在嘉賓分享後會有互動環節，你要主動站起來，表達你的看法，說老師講得特別好，有一個細節我覺得講得太好了，然後再好好介紹一下自己，體現出自己的價值。為了以後有更多的交流機會，詢問是否可以加老師的聯繫方式。

我用這個方法，在籍籍無名的時候，結識了很多未來對我產生巨大影響的人。

當然，參加行業大會只是一個方法，我真正想跟你們說的是一定要主動，這個主動包括一切你試圖達成目標所付出的行動。

我有一段時間想認識一些特別厲害的人，我就想我身邊的朋友誰能幫我認識厲害的人。後來我發現我有個騰訊的前同事，他是做騰訊娛樂的，經常會採訪各種各樣的明星。有一次我就問他，你最近有沒有明星的局，能不能帶我去一下，後來他真的把我安排去參加了一個明星的局，這位明星還是一個非常厲害的人。

所以說，一切都可以爭取。**主動一些**，你會收穫你意想不到的東西。

↗ 四大向上社交秘訣

第一，你要有代表作品。

我看過一個特別扎心的問題：你在電梯裡遇見了馬雲，你有 5 分鐘可以向他推銷自己。此時，你會不會向他介紹自己？你怎麼介紹才能讓他對你印象深刻並且以後會幫你呢？

答案就是，要有自己的「作品」。

還是前面見明星的例子，因為我們當時一同去的有九個人，我們輪流自我介紹。我就跟大家說：「大家好，我是呂白，如

果用兩個字形容自己的話，我覺得是爆款。我之前出過 7 本和新媒體爆款相關的書，我也做過大量新媒體案例和顧問諮詢。」

然後，我一說完，我就明顯感覺到那個明星對我有很大興趣。我也是當時九個人中，他第一個主動加好友的人。

回去的時候，他還主動找我聊自己在新媒體方面遇到的一些問題，我們當時聊了 1 個多小時，聊完已經很晚了，我馬上給他寫了一個 700 多字的回饋。這個回饋涵蓋我們聊的 5 個問題以及這 5 個問題的解決方案。

我把我的回饋發給他看之後，他非常開心，他覺得我是一個特別尊重他時間的人，最後也表達了跟我見面很開心的意思。後來我們陸續有一些聯繫，他還為我的回饋內容付費了。

所以，我們一定要有自己的代表作品。這本質上就是學會創造自身價值，並且學會梳理自身的價值。

對職場人而言，你們身邊的大佬或者貴人，就是你們的上級領導或者你們行業的大佬。如果你有較強的工作能力，或者你能幫助領導解決一定的問題，你完全可以通過這個來換取領導的社會資源，讓他幫忙拓展人脈，介紹好的工作、賺錢機會。

第二，直接付費獲取經驗。

很多時候，我們能接觸的人都比我們厲害，我們可能也提供不了他們所需要的價值。

就像最開始的以物換物，你有螃蟹，我有雞，我們能換一下，後來發現你有螃蟹我想要，但是你根本不需要雞，好在這個時候出現一個東西叫貨幣，我就可以用貨幣買你的螃蟹。

比如，你可以找一些知識付費管道，或者在社交平台找一些付費欄目，然後你為他付費。

愛因斯坦曾說過：「**知識是經驗，除此之外的都只能稱之為資訊。**」

互聯網普及，表面上我們獲取資訊的管道變多了，實際上，那些免費資訊都不是真正有價值的內容，也不會構成比別人早一步知道的「資訊差」。

付費才是高效獲取經驗的方式。

一個厲害的人免費跟你聊天，他未必會用心，未必會給你一些真的可行的建議。但作為大佬的付費顧客，就不一樣了。比如我自己，因為精力有限，每天比較忙，只會對我的付費使

用者用心，每次都會給到最真誠、具有實用性的建議。

這跟巴菲特午餐的作用是一樣的。那時，我們和大佬的關係，就是一個平等的可以互換價值的關係。

第三，你能給他提供價值。

很多時候，如果大佬不需要你付費，你可以從自身的價值出發，這種價值往往不需要很大。比如說大佬需要一個人可以幫他剪片子、寫腳本，你可以第一時間跟大佬說我可以，或者在自我介紹中主動介紹自己的技能，希望可以免費幫大佬做些事情。

我一個朋友就是在大學時自薦免費幫大佬營運社群，現在已經成為自媒體圈一個大佬的合夥人了。

所以，從一些小事開始做起，讓大佬看到你就很重要。

第四，主動讓大佬幫小忙。

如果說你已經跟大佬建立起比較好的關係，然後你也有價值或者你為他付費過，就主動讓他幫你一點點小忙。

佛蘭克林效應告訴我們一件事情：幫過你的人更願意繼續幫你。

如果他沒有在小忙上幫你，那他可能以後也不願幫你大忙。當然前提是要麼你為他付費了，要麼你有價值。

在沒有這兩件事情之前，你不要去做這種事，畢竟人家沒有幫你的理由。

這裡有個重點，幫完之後，過一段時間一定要回饋他。讓他知道幫你是有效果的，你是有收穫的。這樣一方面加深你們之間的交流，你在大佬這邊的存在感會更強；另一方面會讓他看到你的成長性，之後更加願意指點你、提攜你。

不要吝嗇你的感恩，適當時候「公開感謝」，小一些可以發朋友圈，大一些可以找公開場合進行感謝。相信我，沒有人會不喜歡一個好學且懂得感恩的年輕人。

俗話說，金無足赤，人無完人。

你要知道，那些所謂的大佬再優秀，首先也只是凡人，不過他們可能比我們更努力，更有資源，或者更幸運地碰到了合適的機會，才有今天的成就。

所以遇到比自己優秀的人，我們並不需要去「神化」他們，我們要勇敢自信地去認識他們，通過恰當的方式與對方建立強聯繫，把他們變成自己人脈網上重要的一個部分。

作家路遙在《平凡的世界》裡寫道：「在一個人的思想還

沒有強大到自己能完全把握自己的時候，就需要在精神上依託另一個比自己更強的人。」

最後送大家一句話：

人與人之間就是一個相互成就的關係，不怕出醜才能出彩。向上社交展示自己，平行社交放低自己。

DAY. 5

【向上管理 / 社交計畫】執行清單

向上社交秘訣	具體內容
一個原則：一定要主動出擊。	**核心**：提升自我價值 + 主動出擊。 **第一步**，寫下你想連結的人，根據可能性分級為暫時沒機會連結的人、3 年內連結到的人、目前有機會連結的人。 **第二步**，先不考慮暫時沒機會連結的人，但要時刻關注機會；聚焦在目前有機會連結和 3 年內有機會連結到的人身上，採取行動。 ● **方法**：利用社交工具主動聯繫（自己有作品來展現價值，主動給大佬提供價值等），通過朋友介紹，付費連結等。 **第三步**，可以連結的先主動連結；再針對 3 年內有機會連結到的細化路徑，不斷達成連結目標。如果現在專注自我價值，那就等有資本了再去連結；先連結到某人，通過他再去連結更多的人。

底層邏輯 *06*

殺死拖延症，升級個人系統持續精進

《黑鏡》的編劇查理·布洛克經常會被問到如何創作，他回覆說：「**不要談什麼天分、運氣，你需要的是一個截稿日，以及一個不交稿就能打爆你狗頭的人，然後你就會被自己的才華驚訝到。**」

這句話我太喜歡了。

以前專職寫作的時候，似乎不到交稿最後一刻，就沒有靈感。每次都在想，下一次可千萬要早早交稿，這樣就不用熬夜了，但很可惜，下一次還是會拖延。

後來，和同事們聊到拖延這個話題，發現這是大家的通病，其中屬文字工作者最甚。

我不知道拖延症這個詞是從什麼時候開始流行的，但似乎戳中太多人的「痛點」了。看 TED* 演講者蒂姆講拖延症話題的影片，很長時間內都是平台上播放量最高的，就知道了。

微軟聯合創始人比爾·蓋茲在內布拉斯加大學林肯商學院演講時，坦言自己曾經是一個嚴重的拖延症患者。在哈佛大學讀書的時候，他經常直到考試的最後一刻才開始複習功課。後來進入商界，他逐漸意識到這是一個非常不好的習慣。

*註　一個讓各領域傑出人物分享觀點的平台。

雖然如今較之前已經有了很大的改善，但比爾·蓋茲表示，時至今日，自己仍在努力和拖延症做鬥爭，經常會有意識地提醒自己提高效率，不要拖延。

　　中國社科院的一項調查資料顯示，中國 80% 的大學生和 86% 的職場人都有拖延症；50% 的人不到最後一刻，絕不開始工作；13% 的人若沒有人催著，就不能完成工作。

　　看來天下真的苦「拖延症」久矣。

　　從詞源學上來說，「拖延」（Procrastination）這個詞有兩個意思，一是把事情推遲到明天再做，二是做與更好的判斷背道而馳的事情。

　　那拖延的本質是什麼？有一本書叫作《拖延心理學》，是被視為「戰勝拖延症聖經」的書，據說作者拖了整整兩年才交稿。裡面有這麼一個觀點，拖延的人往往都有失敗恐懼症，他們的內心被一個錯誤的邏輯束縛，做事失敗＝我能力有問題＝我是個沒有價值的人。因為害怕失敗所以不願意開始，導致拖延。

　　它最大的壞處莫過於「折磨我們」。

　　在這個過程中，事情一直在那裡，無論做其他什麼事，心裡還是會惦記。隨著截止時間臨近，痛苦程度也呈指數級增長。

如果最後沒做好，我們也會懊惱，畢竟是自己一拖再拖，結果壞了事。

大多情況下，產生拖延的原因有以下 6 個。

1. 不重視這件事。比如領導說要預約一個會議室，我們看這會議並沒那麼重要，於是拖著拖著就到了下班的時候，再去預約表上一看，所有會議室都被其他人預訂了。

2. 不喜歡這件事。比如接到一個不喜歡的工作，實在沒有動力去做，自然一拖再拖，到了萬不得已要做時，才開始動工。

3. 做不了這件事。比如突然讓你準備公司的年度品牌發表會，之前沒做過，任務又艱巨，完全不知道怎麼入手，結果自然拖到最後。

4. 完美主義傾向。比如有一天的時間做 PPT ，一開始就糾結封面設計，結果在這裡就浪費了半天時間，封面是好看了，但留給內容部分的時間不夠了，最後也只能加班趕工。

5. 常被瑣事打斷。比如重點工作做到一半時，突然有其他事情插進來，於是換了方向，結果重點工作進度被迫推遲。

6. 容易受到誘惑。比如完成了一部分工作，想要犒勞自己，於是打開網路平台，想著看兩條影音短片解壓，結果一看就是 1 小時，留給自己完成後半部分工作的時間不多了。

這是 21 天逆襲人生的第 6 天，我們一起來「殺死」拖延症。

作為曾經的拖延症「重度患者」、現在的「輕度患者」、且基本處於已經自癒狀態的我，如何在一年內能出 7 本書，主業經營公司，管團隊，副業還要做社交平台，弄諮詢呢？

其實核心就 9 個字：立刻做，系統做和享受做。

➤ 第一，立刻做── 5 分鐘行動法

我一直相信一個觀點，就是臉書的信條：先完成，再完美。完美是相對的，處於概念層面；但是完成任務是必須的，是需要付諸行動的。你要先搭出框架，初步填充，再根據回饋進行升級，而不是苛求一步到位。

我這裡也推薦一個方法，叫作 5 分鐘法則。

對於自己不想完成的事情，強迫自己做 5 分鐘的任務，你

可以告訴自己 5 分鐘後停止。但通常情況是做 5 分鐘後你就會有繼續做下去的動力。

具體操作：深吸一口氣，設置一個 5 分鐘的鬧鐘，告訴自己，我就只做 5 分鐘，5 分鐘後就休息。先易後難，不要做太難和複雜的任務，先做一看就可以立馬行動的任務。5 分鐘很快就會過去，狀態會開始變得輕鬆，給自己完成 5 分鐘任務的正回饋。

能 5 分鐘內做完的事情為什麼要花 1 小時才解決呢？能迅速搞定的事情就迅速解決。

第二，系統做──番茄工作法

首先，列一個待辦事項清單。列出自己當下要做的所有事項和目標；然後，根據時間管理四象限法則，去掉「不重要但緊急」和「不重要且不緊急」的事項，留下「重要且緊急」和「重要但不緊急」的事項。

針對留下來的幾個事項，把一件事情分割為多個 25 分鐘的番茄鐘任務。用甘特圖描繪一個表格，第一行標註時間，第一列標註重點事項。做完一個立馬就往相對應的表格打勾或者塗色。

讓自己的行動與獎勵完美契合。大腦不斷產生多巴胺，行動時就不會覺得累，反而動力十足。

放大正回饋的力量，強化行動後給予的獎勵帶來的成就感，讓行動持續上癮，徹底擺脫拖延症。

比如你現在需要做一項重要且緊急的工作任務，但你一直躺在床上刷短片。你就想，我做一項任務需要 1 小時，把 1 小時劃分為兩個 25 分鐘，中間休息 10 分鐘，然後把目標轉換為我只需 25 分鐘就能體驗完成事情的快樂。25 分鐘後立馬打勾，這樣持續不斷有成就感鼓勵你繼續做下去，直到把整個任務完成。

那麼為什麼是 25 分鐘呢？因為科學研究表明，25 分鐘是一個人集中注意力的最大限度，所以你能專注 25 分鐘就夠了。

暢銷書《微習慣：簡單到不可能失敗的自我管理法則》的作者為了提高身體素質，一開始安排了豐富的健身計畫，但總是因為拖延無法完成。後來改變計畫，一天只做一個伏地挺身。作者說：「我意識到鍛煉正在變成慣性。即使是面對這麼微不足道的挑戰，我每天也都在做了不起的事情。」

整個過程無痛無壓力，還會讓你正回饋滿滿。一個反拖延的正循環就達成了。當我們用特別簡單的方式開始行動的時候，

成就感就會特別容易獲得，開始行動第一步的問題立馬就能被
解決了。

↗ 第三，享受做──拒絕內耗，享受正回饋

拖延是因為自己在預想中提高了完成事情的難度。把一件
簡單的事情想得很複雜很難，於是自己的惰性慢慢上來，一直
不想行動，時間越拖越久。

然後慢慢陷入內耗、愧疚，導致拖延症越來越嚴重。但其
實無論是誰都會有拖延症，那些專家和大佬也一樣。

《拖延心理學》是專門講戰勝拖延的好書。但有一件事可
能很多人不知道，作者患有嚴重的拖延症，所以圖書出版的時
間比當初和出版社約定好的時間晚了兩年。

連研究拖延的專家都有拖延症，所以我們身為普通人，
應該認識到拖延症是大家的通病，沒有必要愧疚，甚至產生內
耗心理。那麼，要如何戰勝拖延呢？

改變認知：嘗試接納拖延症，多運用積極暗示、增加成功
體驗、放大優點等方法獲取自信，讓自己改變完美主義的心理，

這有助於改善拖延症；同時要認識到任務的繁瑣與難度，長期的勞累會導致厭惡感，從而造成拖延，可以適當附加獎勵，減少任務量或者轉換任務。

改善習慣：首先，制訂一份日常生活的時間表，比如每晚7～9點在書桌前閱讀，養成良好的習慣，長期堅持，這會讓你感覺更自信，心理負擔也更小。其次，可以適當地通過放鬆、娛樂來調整自己的心情，獲得暫時的積極情緒，堅決不能逃避現實。然後，儘量發揮群體的作用。群體氛圍可以提供特殊的情境，與朋友一起克服壞習慣，效果會更好。最後，消除影響工作效率的一切干擾，全心全力地去做事情。

學會分清主次：把大任務分成小任務，小任務完成起來比較容易，這樣也會有效改善拖延症。

降低對任務的難度預期，讓自己在開始行動之前就描繪出自己完成任務後的成就感。

比如我現在要寫年度計畫，但是我太懶了一直沒有行動。我就開始想：完成年度計畫我會更專注於我的目標，成長得比同齡人更快。這件事情對我的成長意義太大了，我花時間做這件事情是超值的。不斷給自己積極暗示，執行起來一點都不痛

苦，然後就會開始沉浸式行動起來了。

我之前也會經常賴床。於是我結合 5 分鐘法則，把「只要先起床站起身來，就已經超過 99% 人了！」列印出來，張貼在床邊，一睜眼我就能看得到。從此，我就再也不會賴床了。給自己一個暗示：「先完成再完美。做得再差也比不做好 100 倍。」

記住，最怕的不是你不會，而是你遲遲不開始。千萬不要把整個世界拱手讓給那些比你弱卻比你努力的人。大家的能力水準其實都差不多，「迅速執行」才是拉開人與人之間差距的核心原因。我相信，當你開始擺脫拖延症時，你就會感受到一種從未有過的重生的力量。

DAY. 6

【殺死拖延症】執行清單

擺脫拖延症	具體方法
第一步，知道自己為什麼拖延。	根據文中說的 6 個拖延原因，寫下自己的拖延症症狀。 你的原因是：
第二步，針對不同拖延症的建議。	1. 如果是因為不重視這件事，那麼建議設置提醒。 2. 如果是因為不喜歡這件事，那麼建議多找一個做這件事的理由。 3. 如果是因為做不了這件事，那麼建議把做不了的事情拆分為可執行的步驟，然後「沒那麼難的」趕緊做，「難的」就跟領導溝通尋求突破。 4. 如果是因為完美主義傾向，那麼建議把完美主義用在最重要的部分，剩下的就用 80 分的標準要求自己。

擺脫拖延症	具體方法
	5. 如果是因為常被瑣事打斷,那麼建議準備一張便利貼,其他事情來了先記錄下來,有空時再處理。 6. 如果是因為容易受到誘惑,那麼建議關閉手機的部分功能,或改用手錶代替看時間的功能。
第三步,執行方法。	第一,立刻做——5 分鐘行動法。 ● 具體操作:深吸一口氣,設置一個 5 分鐘的鬧鐘,告訴自己,我就只做 5 分鐘,5 分鐘後就休息。先易後難,循序漸進。 第二, 系統做——番茄工作法。 ● 具體操作:先用番茄工作法,寫下預期完成待辦事項所需的時間,將之切分成多個 25 分鐘,逐步完成。 第三, 享受做——拒絕內耗,享受正回饋。 ● 具體操作:每做完一個番茄鐘,就停下來給自己一個心理暗示,積極鼓勵自己,讓自己有一個好的心理狀態投身下一個番茄鐘,直到最後完成這件事情。三步下來,拖延症就會減輕很多,還會增強你的專注力。

底層邏輯 *07*

精進表達，做會說話的人

如果一生只能擁有一種能力，你會選什麼？**我選表達力。**

之前，我和一個公司高層主管聊天，他說他手下有一位同事，上周主動要求加薪，他很果斷地同意了，而且加薪幅度還不小。原因是，他的那位下屬專門寫了一份加薪申請書，帶著這份申請書，提前做好充分準備來找他提加薪。從負責專案、產生收益、加薪理由、加薪比例、未來工作績效提升計畫等，資料化呈現，有理有據，條理清晰，一目了然，誰看了都覺得這個加薪請求很合理。

而且這位下屬著重強調在未來的工作中，希望主動承擔更多的任務，讓我的這位高層主管朋友更加信任和看好這位下屬。

因為在我的朋友看來，這位同事即使覺得薪酬不夠也沒有直接跳槽離開，而是選擇鼓起勇氣和他溝通，說明她願意為公司付出，並且有一定的進取心和更大的成長空間，況且人家確實是做出了成績的。這樣的人主動提加薪，為自己爭取權益，也更能為公司帶來價值。

相反，很多人寧願打開招聘網站更新履歷，也不願意主動溝通加薪，一方面是刻板地認為老闆不喜歡員工提加薪、公司不會願意加薪，另一方面是不會正確地表達加薪意願。

拿我的一位同事舉例，他在工作一年之後，有一次主動來我辦公室向我提加薪，但是是以辭職相逼的，這就是典型的不

會溝通。面對這種情況，即使你做出成績，我給你加薪了，我也會對你產生一些信任裂痕的。

同樣是有成績，原本都可以實現加薪的人，一對比，顯然前一位工作者的加薪申請更加高級。很多人，真的就是敗在不會溝通表達上。

波斯詩人薩迪曾說：「**因為有言語，你勝於野獸，若是語無倫次，野獸就勝於你。**」

表達是人與生俱來的本能，但會表達卻是需要修煉的能力。

生活上，誠實地表達自己的內心所想，能讓人更直接快速地瞭解自己的個性和需要；職場上，有效的溝通、充分的表達，能提高工作效率，省去很多因溝通不暢造成的無用功。有條有理、邏輯清晰的表達，在合作中永遠受歡迎。

不會表達的人，往往有兩種，一種是自知不善言辭，有口難言；另一種是表達不合時宜，自己卻渾然不知。無論是哪一種，在日常生活中都少不了吃虧。

媒體人羅振宇在《奇葩說》中也曾提到，當代社會最重要的能力是表達能力。表達能力強的人會比別人得到更多的機會和人脈。所以，他們一開口，就贏了。

在《人性的弱點》中卡內基這樣說：「**一個人的成功，15%**

靠技術知識，85% 靠口才藝術。」

　　生物學家曾做過這樣一個有趣的實驗：把跳蚤放在桌上，一拍桌子，跳蚤立即跳起，跳起的高度均在其身高的 100 倍以上。然後在跳蚤頭上罩一個玻璃罩，再讓它跳，這一次跳蚤碰到了玻璃罩。連續多次後，跳蚤改變了起跳高度以適應環境，每次跳躍總保持在罩頂以下的高度。接下來，逐漸降低玻璃罩的高度，跳蚤都會在碰壁後主動改變自己的起跳高度。最後，玻璃罩接近桌面，跳蚤已無法再跳了，這時把玻璃罩打開，再拍桌子，跳蚤仍然不會跳，變成「爬蚤」了。

　　實驗中的跳蚤變成「爬蚤」，並非它自己喪失了跳躍的能力，而是由於一次次受挫而學「乖」了。最可悲的是，當實際的玻璃罩已經不存在時，它卻連「再試一次」的勇氣都沒有。玻璃罩已經罩在它的潛意識裡，於是行動的欲望和潛能被自己扼殺了，科學家把這種現象叫作「自我設限」。

　　這個實驗生動而抽象地演示了這樣一個道理：無論什麼能力，都在於自我突破。語言表達這種能力不是與生俱來的，而是能夠通過後天學習獲得的。好的口才在於自己不斷地審視自己，然後不斷地進行突破。

　　這是 21 天逆襲人生的第 7 天，學會精進表達，讓我們用表

達去獲取自己想要的。

↗ 第一，鏡子練習

　　早上刷完牙後對著鏡子裡的自己加油打氣：「今天也會是收穫滿滿的一天！」、「我已經準備好開始奮鬥了！」、「我是最棒的！」、「我可以表達得很好！」……

　　對著鏡子微笑，鼓勵自己，說正向積極的話，你會發現自己越來越自信，越來越愛上表達！每一秒都能發現自己的表情和儀態的變化。記住，鏡子是個人練習最好的老師。

↗ 第二，大聲朗讀

　　每天早上閱讀經典好書或者是新聞，因為新聞稿的語言很精練，用詞準確，邏輯清晰，是品質非常高的素材。還有一些官方的網站，都是很正派的表達。這裡給大家推薦日報評論、新聞網、人物網等，大家可以關注，平時有時間就點開閱讀。平時說高級標準的文字，自己的表達也會漸漸變得清晰正派。

↗ 第三，複述

複述的目的是鍛煉我們的邏輯思維，讓自己可以脫稿表達很多內容。因為無論是朗讀，還是日常累積，都是我們儲存內容的過程，這些內容不複述出來，就還是別人的內容，複述就是把好的表達化為己用的過程。

可以試著對著牆壁講、對著鏡子講。如果覺得自己講不清楚，一般不是技巧問題，而是理解得不到位，可以根據自己講不清楚的地方，反思一下到底哪裡沒有理解。最後弄通了，就可以講流暢了。

比如看完一本書，學完一門課，學習之後用自己的語言複述一遍，先完整地講給自己聽，確保自己有內容可以表達。再去講給朋友或家人聽，如果他們聽得很入迷，說明你的表達能力已經很好了。表達的本質是理解，說不清楚話，或者不能讓別人聽懂，本質上是自己理解得還不透徹。

↗ 第四，形成自己的素材庫

準備一個本子，累積金句和素材，把平時遇到的比較好的

句子、素材，全都記錄下來，形成自己的素材庫。多看《脫口秀大會》、《奇葩說》、《圓桌派》等節目，學習嘉賓們有趣又有料的談話方式。

對於表達，很多人不太相信後天累積的力量，不相信談話素材庫會有用。這裡給大家一個例子，其實很多我們大眾眼中擅長的表達者，並不是天生會表達，而是有大量的素材準備。

比如在熱門綜藝《脫口秀大會》中，脫口秀演員們在上臺之前已經有日常累積的大量素材案例，他們都有隨時記錄的習慣，大家熟知的李誕就是如此。

我很多主持人朋友，私底下都很內向，也不太愛說話，但一到舞臺，整個人就可以滔滔不絕，背後就是長年累月的累積和訓練。也許有一些人，天生就有一些表達的天賦，但我可以說，這個比例太小了，大部分人靠後天的訓練完全可以變成一個會表達的人，要相信時間的力量，更要相信刻苦練習的力量。

↗ 五，大量輸入學習

沒有輸入哪裡來的輸出。互聯網時代，可以輸入的管道太多了。各大影音平台都有大量名人演講影片，提升表達的書籍

有《溝通的藝術》、《精準表達》、《演講的力量》、《約伯斯的魔力演講》、《高效演講》等，還有電影、Podcast、辯論賽等，大家可以自己去搜索。這裡有一點要注意，不能看完就完了，一定要想盡一切辦法去練習。

↗ 第六，文稿框架化

當我們有了足夠多的素材，一定要學會將內容結構化，這樣可以保證有邏輯地輸入和輸出。

拿我自己日常演講舉例，我有一次被舉辦方臨時拉到臺上，並沒有做演講準備，但因為我自己平常就喜歡框架化地輸出，腦海裡立刻出現一個內容的框架，於是便這樣硬著頭皮講了，沒想到效果很好，很多人都以為我是提前準備好的。

比起背逐字稿，我更喜歡提煉框架。

對一個稿子進行結構化的提煉，在腦海裡形成一個樹狀圖，主幹是什麼，分支是什麼，樹葉又是什麼，腦海裡過一遍，表達出來時就會特別胸有成竹。

這裡給大家推薦一本書《金字塔原理》，它可以幫助你梳理表達的框架。即興表達的基礎是閱讀大量文章。

【表達力】執行清單

方法	具體內容
第一： 鏡子練習 5 分鐘	1. 找到一面鏡子，確定每天對著鏡子練習的時間點。 2. 每天對著鏡子練習 5 分鐘左右，觀察訓練自己的神情動作，讓自己越來越自信。
第二： 大聲朗讀 10 分鐘	1. 朗讀材料：日報評論、新聞網、人物網等。 2. 大聲朗讀這些媒體發佈的內容，記得一定要自信地大聲讀出來。
第三： 複述 5 分鐘	1. 材料來源：別人的演講、觀點、道理、書等。 2. 嘗試自己講給自己聽，再複述給朋友或家人，鍛煉總結能力。

方法	具體內容
第四： 形成自己 的素材庫	1. 準備：隨身攜帶紙筆或者手機備忘錄。 2. 平時遇到好的內容和觀點，一定要記錄下來，形成自己的素材庫，時常翻閱，讓自己有話可說。 3. 從《脱口秀大會》、《奇葩説》、《圓桌派》等節目中學習嘉賓們的談話技巧。
第五： 大量輸入學 習（不限時 間，越多越 好）	• 內容：名人演講影片、高品質 Podcast、人物訪談、辯論賽、書籍等。
第六： 文稿框架化	• 工具：思維導圖。 • 方法：寫任何文稿，首先用思維導圖搭建框架；面對搭建好的框架嘗試口頭表達細枝末節，再去不斷地完善框架。

底層邏輯 *08*

擁有目標感，
跑贏人生馬拉松

我有個朋友曾立過一個目標，說要一個月減肥 25 斤。想都能想得到，他失敗了，他為什麼會失敗呢？

因為他把目標定得太高了，他總想著現在努力一個月，今年一年就不用減肥了，但他忽略了一點，即**人生是一場馬拉松，不是一場百米賽跑**。拿著百米賽跑的衝刺姿態去完成人生逆襲是不可能的，你百分百會失敗。

我有一些想做社交平台的朋友，經常還沒開始做就說，我一定要錄得很好，我的設備要是最好的，我的表現力要練好，我的拍攝、剪輯都要好。而我會說：不要。我一開始就是隨便錄一錄，為什麼呢？

我如果隨便錄，我的預期不會太高，可是如果我要求特別精緻，準備很充分，我就會有很強的渴望，希望這條影片可以爆紅，這就會導致我將一開始的目標預期定得很高。千萬不要給自己那麼大的壓力，要循序漸進。人生是一場馬拉松，不需要很努力，但要一直努力。

手機、電腦等系統更新時會出現進度條，告訴使用者，你每一刻的等待都是值得的。但在現實生活中，我們並沒有進度條，我們永遠也無法知道自己的堅持是否有效，因此容易放棄。很多一開始特別努力卻沒有得到想要的結果的人，往往是因為

停留在半途中，沒有對他們的目標進行管理。

我認為目標管理的第一步就是拆解目標，幫我們時時再現「人生進度條」，告訴我們自己正在一步步地完成自己的目標，給自己正回饋，不斷刺激自己向著下一個目標前進。這種感覺是非常美妙的，當你知道自己終將完成目標時，你的一切努力都是在為日後的厚積薄發做準備。

這是 21 天逆襲人生的第 8 天，學會目標管理，跑贏人生馬拉松。

山田本一是日本著名馬拉松運動員，曾在 1984 年和 1987 年的國際馬拉松比賽中兩次奪得世界冠軍。

大家都很想知道，他究竟是憑藉什麼獲得如此成就的。每次記者問他有什麼方法時，都以為會得到如何如何努力、有什麼獨門跑步技巧等答案。

但山田本一總是回答：「憑智慧戰勝對手！」

10 年後，這個謎底被揭開了。山田本一在自傳中寫道：

「每次比賽之前，我都要乘車把比賽的路線仔細地看一遍，並把沿途比較醒目的標誌畫下來，比如第一個標誌是銀行；第二個標誌是一棵大樹；第三個標誌是一座紅房子……這樣一直

畫到賽程的結束。比賽開始後，我就以百米的速度奮力地向第一個目標衝去，到達第一個目標後，我又以同樣的速度向第二個目標衝去。40 多公里的賽程，被我分解成幾個小目標，跑起來就輕鬆多了。一開始我把我的目標定在終點線的旗幟上，結果我跑到 10 幾公里的時候就疲憊不堪了，因為我被前面那段遙遠的路嚇倒了。」

看，這種智慧就是要擁有人生小目標。

拿我自己來說，我之前的目標一直是成為作家。最開始我不知道怎麼去做，直到看到葉兆言先生在面對郭慕清採訪時提到的一個觀點：寫作總歸需要有點才華，但這不重要，**最重要的是你能不能熬到 100 萬字。**

當時我就覺得我應該定一個數量上的目標，100 萬字聽起來有點太大了，但拆分下來也不是不可能完成的任務。

寫作就跟跑步一樣。長跑 10 公里難嗎？那 50 公里呢？男子 50 公里競走的世界紀錄是 3 小時 32 分 33 秒，由來自法國的迪尼茲創造。他也是在 10 公里、20 公里、50 公里的過程中不斷挑戰自己，最終創下世界紀錄。

我 2017 年實習的時候，兩天只能擠出一篇 2000 字的稿子，後來半個多月能寫出 50 篇。怎麼練的呢？熬，用力熬，堅持熬。

那大半個月，我過得很痛苦，晚上待在公司寫不出文字，回到青旅又沒有靈感，恨不得搧自己幾個耳光。因為我沒有退路，我必須堅持寫作，必須累積寫作功底，所以我逼自己平均每天要產出 3 ～ 4 篇稿件。

在這個過程中，我發現我寫稿子的速度已經是過去的幾倍了，而且我的稿子品質越來越好，有過百萬閱讀量，甚至有很多文章被官媒轉載。

在完成一個又一個小目標的時候，我發現成為作家的目標早已在不知不覺中實現。

↗ 第一，確定一個你要堅持的目標

你要先明確你的目標，然後把你的目標拆解和具體化，最好能夠用數字量化，形成一個一個可以實現的小目標。

研究表明，確定目標並為實現目標而努力工作，能夠啟動大腦中的快樂因子，使人切實地感受到快樂。而且，短期的自我改變能夠有效地改變大腦，使大腦向積極的方向發展和變化。

當我們設立小目標的時候，這個目標離我們更近，伸伸手、踮踮腳就可以構到的，實現的可能性更大，對我們的情緒是一

種鼓舞。積極的情緒進而會影響我們的大腦，讓我們在完成下一個目標的時候能夠釋放更大的能量。

↗ 第二，設置一個每天要做的最低量

在堅持的過程中，你可能會因為一些主客觀因素感到困難，這時你可以放慢速度但不能停下來，因為一旦有一天你的堅持中斷，你很可能就不會再重新開始。就像跑馬拉松，在比賽過程中你可以因為體力不支放緩步伐，但如果你停下來休息，就沒有力氣再跑下去了。因此，當你要求自己每天堅持背 20 個單字卻實在無法完成時，你也要讓自己至少背 10 個單字。

↗ 第三，給你的堅持定一個期限

不要無期限地去堅持做一件事情，看不到頭的日子會讓你逐漸疲憊。嘗試定一個合適的堅持時間，不用一兩年，就三五個月，先養成堅持的習慣，再不斷延長堅持的時間。當你想長時間堅持做一件事時，你可以把它分解為很多個小的階段。

某一個階段堅持下來後再進入下一階段，一個階段的完成與新階段的開始都會為你的堅持提供動力。這個期限也是一段驗證的時間，如果看不到正回饋，你可以選擇放棄或者調整策略。

↗ 第四，在堅持的過程中尋找正回饋，學會自我激勵

如果你想長期堅持做一件事，那你就得要麼能不斷從中獲取正回饋，要麼能用其他方式給予自己獎勵。

舉個例子，為什麼很多人難以自律？因為人天性懶惰，你對自律的理解可能只有「痛苦的堅持」，而沒有及時的正回饋和回報。

我有個朋友，一度因為肥胖而苦惱，後來通過堅持健身，瘦下來了，還順帶練出了 8 塊腹肌。我就非常好奇他是怎麼做到如此自律的。他說：「哪有什麼自律啊，我每次健身完，會在朋友圈發一些自己健身的照片或影片。剛開始我只是為了做記錄，發了一段時間之後，有很多人給我的朋友圈健身動態點

讚、評論,甚至有一次我喜歡的女孩還給我評論『哇,好酷啊』,所以我才一直堅持下來了。」

正是因為每次健身完之後的分享能收到很多正回饋,感受到鼓勵和支持,他才不斷有動力堅持健身,逐步通過健身,鍛煉了身體,成功減肥,還練出了腹肌,成為型男。

如果你在堅持的過程中無法直接獲取正回饋,也可以用其他方式給予自己獎勵。比如一個月沒有中斷堅持的任務,可以獎勵自己吃一頓大餐,或是買一件中意很久的衣服。

老子說過:「合抱之木,生於毫末;九層之台,起於累土;千里之行,始於足下。」從現在開始,去拆解目標,感受能拿到正回饋的人生吧。

DAY. 8

【目標管理】執行清單

目標管理方法	工具——OKR 管理法
設置 OKR 管理法的原則： 1.OKR 數量需要考慮目標難度和所需精力，若需集中精力，可只設定少量的 OKR；	**第一步，列出大目標** 首先思考一下，在學習、生活和工作上有什麼想實現的目標，把它寫下來。 一次設立的目標不要超過 3 個，因為超過了 3 個，很大的機率完成不了。 3 個目標最好分別關於學習、工作和生活，這樣才能均衡並足夠聚焦。 如果對自身精力不夠自信，最好還是一個目標完成以後再繼續下一個。
	第二步，拆分大目標變成小目標 定下大目標後，想想這個目標需要從哪幾個方面去完成，然後圍繞大目標拆分出 3 個小目標。 拿我的助理倩倩舉例，她打算半年內完成一部中篇小說，那麼「半年內寫一部中篇小說」的大目標，可以從哪 3 個方面去完成？ 1. 學習寫作課程； 2. 閱讀輸入； 3. 寫作輸出。

* 編注：OKR 是 Objectives and Key Results 的縮寫，即目標與關鍵成果。

方法	工具──OKR 管理法
2. 推薦以季度作為目標管理的週期； 3. 一般 OKR 不超過 5 個，每個 O 對應的 KR 應該是 2～5 個； 4. 設置的 KR 至少要有 2 個，若只有一個就變成了 KPI。	**第三步，設定關鍵指標** 給自己設定每個月小目標，只有保證每月都通關，才能實現終極目標。繼續拿倩倩寫小說舉例子：上一步倩倩將大目標拆分成了 3 個小目標，這一步她需要在每個小目標下繼續設定關鍵指標，幫助她每個月跟蹤進度。 在「學習寫作課程」這個小目標下，她以月為單位，設定了：（1）1 月聽完所購課程；（2）2 月完成筆記整理和作業；（3）3 月複聽課程。 這樣的階段性成果指標，可以幫她完成小目標。 **第四步，列出每日、每週待做事項清單** 列出每日、每週的待做事項清單，並跟著完成情況隨時調整是極為關鍵的一個過程。 倩倩上一步在她的 3 個寫小說的小目標下設定了關鍵指標。為了實現這些月指標，她又列出了每個指標下每天需要做的事情。 如「1 月聽完所購課程」這個關鍵指標下，她以天為單位，設定了：（1）週一到週五早晨聽課半小時；（2）週一到週五睡前複習早上學習的內容半小時；（3）每週末聽課 3 小時。這樣的每日任務清單，可以確保自己完成目標。

推薦書籍：《OKR 工作法》、《OKR 使用手冊》。
推薦工具：飛書（軟體可自行尋找適合自己的）。

* 編注：KPI 是關鍵績效指標。

底層邏輯 *09*

要事第一，永遠做最重要的事

巴菲特曾給深受他信任的私人飛行員邁克提過一個忠告。

有一天，邁克問巴菲特：我怎麼努力才能成為像你一樣睿智、聰明、有智慧的人呢？

巴菲特說，你先拿一張紙，寫下你人生裡最重要的 25 個目標，然後圈出最重要、最想完成的 5 個。邁克照做完之後，就對巴菲特說：你是讓我集中大部分精力先去完成這 5 個目標，做完以後再去完成剩下的 20 個目標，對嗎？

巴菲特搖搖頭說不是的，我是想讓你只完成這 5 個目標，剩下的 20 個，只要你今後遇見，就要像躲避瘟疫一樣躲避它們。

邁克聽完很詫異。

巴菲特說，人的精力有限，一生能完成的事情不足 5 件，能改變你命運的也就 3 件，所以剩下的 20 件都是你做不了或做不成的事情，你要把更多的精力投入到你最想完成的這 5 件事上。

對於巴菲特的話，我深有體會。我曾有幸和一些在《新聞聯播》上才能看到的人接觸過，當提及人生感悟時，無一例外，他們都說讓人生有「跨越式」發展的事情只占一小部分。

這就是所謂只有 20% 的事情能改變你的人生命運，甚至更少。

有一個理論叫帕累托法則，指的是 20% 的人佔有 80% 的財富，20% 的努力換來 80% 的回報……對於新媒體行業，80% 的粉絲是 20% 的內容帶來的；對職場人來說，20% 成功的專案決定著你的收入；對創業者來說，錢從來不是慢慢賺到的，而是一下子賺到的，20% 的時間賺到人生 80% 的財富。

將二八法則運用到個人身上，就是「要事第一」。

史蒂芬・柯維在《高效能人士的七個習慣》中告訴我們，啟用以要事為中心的思維方式，優先做最重要的事情，別被瑣事所擾，可以讓時間更高效。

在此基礎上，你會發現你能少做很多事情。對我個人而言，假如每天有 10 件事情，我會「砍掉」其中不重要的 8 件，因為我知道這並不會影響我的人生。你真正需要的是把所有的精力投入到你認為最重要的事情上。

這是 21 天逆襲人生的第 9 天，如何做到要事第一？

📈 找到能帶來 80% 收益的 那部分核心技能

我之所以能持續寫作，是因為我的書的暢銷和背後讀者的支持讓我獲得了「名」，而「名」又轉化成了利，都為我帶來了正回饋。不誇張地說，我的財富大部分是來自新媒體行業，而懂新媒體只是我的一個小技能，只占我所掌握技能的 20%，卻給我帶來了 80% 的收入。

我在大學時期，不斷尋找什麼才是屬於我的核心技能，也嘗試過很多，都失敗了。索幸，最後我找到了並堅持了下來。

📈 對系統分級，有選擇性地做事

我們要搞清楚，哪些事情屬於 20%，哪些事情屬於 80%。

比如，在管理方面，只要抓好 20% 的骨幹力量進行管理，然後再用這些人去帶動其他員工，就能提高管理效率；決策時抓住關鍵問題進行決策，就能讓其他問題迎刃而解，從而讓自己的精力分配更加集中。在投資時也是這樣，將有限資金投資在重點項目上，能不斷優化自己的投資決策。在行銷時向用戶

重點介紹重點商品，能讓產品賣得越來越好。

分清這些的前提是我們要瞭解花在各項事情上的時間投入產出比。可以通過記錄自己時間的方式來瞭解這一點。

有段時間我特別忙、特別累，但是工作也沒有特別明顯的成果，就開始思考我的時間花在哪兒了。通過 2 周的持續記錄，我發現我花費時間最多的就是開會和招聘，這兩件事情花費了我絕大部分時間。所以從那以後，我就開始拒絕很多無意義的會議，讓我有了很多空下來的時間，放在重要的團隊管理、業務梳理上。

後來我很明顯感覺到，自己的工作是穩穩地處在較好的節奏上的。即使我在公司工作的時間沒任何變化，但我的效率提高了非常多。因為我做了時間的記錄，知道該把 80% 的精力放在什麼地方，哪些是花 20% 的精力可以得出成果的關鍵事情。

少即是多，所以，首先計畫得少，其次一定要對事情進行選擇，你要知道你不可能把所有事情都做好。做 5 件事情，將其中 3 件事情做好就非常棒了。不關鍵的事情，不做、少做或者快速做完。

↗ 多做自帶槓桿的事

一定要多做能自帶槓桿的事情。比如錄影片、寫書、四處演講可以幫我打造影響力；比如僱團隊幫我做社交平台；比如付費請最高級的教練幫我一周學會高級滑雪道等。想獲得高回報、高收益，得要學會借力，槓桿思維的核心其實就是借力。

這是我從猶太人眼中的第二部《聖經》──《塔木德》中學習到的思維方式。

猶太人有多牛？僅 1000 多萬人，占全球人口總量不到 0.3%，卻獲得了全球超過 20% 的諾貝爾獎，這個獲獎概率遙遙領先其他民族。

在猶太人的歷史上，出現了很多世界級的金融巨頭、實業家、銀行家、科學家，比如石油大王洛克菲勒、谷歌的創始人謝爾蓋·布林和拉裡·佩奇、科學巨人愛因斯坦、頂尖藝術家畢加索等。猶太人的智慧總結起來就是，**擁有槓桿思維，懂得用 1 倍努力換 10 倍回報。**

槓桿思維有點像以小博大的概念，別人花同等的努力去獲得同等的回報，而你卻可以利用槓桿思維，以 1 倍努力換 10 倍回報。廣泛地看，槓桿即一種用小的資源撬動更大價值的工具或者方法，能為你降低成本。這裡的資源可以是時間、精力、

資金，在合理情況下投入會帶來超出其本身的價值，這種價值除了物質財富，還有機會與成就。

比如說，很多事情，與其你一個人去做，不如組建一個團隊你們一起去做，這樣效率和成功率也許會高很多，這其實就是一種槓桿思維，也是一種借力。

再比如說，你要學習某項技能，如果就你一個人苦苦在那裡研究，可能得花費幾個月的時間甚至是幾年的時間，但是如果你能找到一個在這一領域很有經驗的人傳授你一些經驗，那你可能只需要幾天或個把月就能掌握這項技能。

如果你總是一個人單打獨鬥，不懂借力，不管你付出多大的努力，效果可能都是微乎其微的，所以，我們必須要學會運用槓桿思維，懂得借力。

槓桿可以撬動更多的發展機會。

人生就像一個蒐集門票的過程，你去了一所名校，蒐集到這所名校的門票，擁有了一些優質的資源和人脈；你進了著名網路公司工作，蒐集到著名網路公司的門票；你就讀商學院，也就意味著你蒐集了一張商學院門票；你出了一本書也是蒐集了一張門票，這本書能幫你放大影響力。

人生發展的核心在於你要蒐集足夠多的門票，高品質、有門檻的門票越多，意味著你越厲害，你的發展空間越大，你的

收入也會越高。但是，獲得門票是需要付出時間、精力、金錢代價的，如何才能降低獲得門票的代價？這就要用到槓桿思維，你要有一個槓桿來減少你的付出。

↗ 提高效率

李開復說過一句話：**人生的時間是有限並不可變的，所以要有效率地用每一分鐘，不用好就是一種浪費。**

所有人每天的時間都是 24 小時，但有些人能成功地將 1 小時當成 2 小時來用，有些人則將 1 小時過成了半小時，這就是人與人之間的差別。

比如，你很喜歡讀書，可是總感覺自己讀得很慢，一本書要讀一個月甚至幾個月。為什麼會這麼慢？其實，讀書也是講究方法的。

以讀書為例，很多書，尤其是那些商業類的、社科類的、觀點類的書，往往其核心內容只有全書的 20% 不到，剩下的全是理由、證據、資料、事例……

總之都是對內容的一個延伸擴展，其要講的內容可能早就在書的簡介和封面還有最前面的部分講清楚了，因此關鍵是你

對書中觀點論證力的思考。

針對讀一本書是如此，生出一本書，對整個人類文明而言也是如此。重要的書往往只有 20%，甚至都不到，其他的書都是這些書的延伸。

比如《紅樓夢》這本書，它就一定在那 20% 以內，但是解讀《紅樓夢》的書可能有成千上萬，一個圖書館可能都裝不下。由此，你就可以知道哪些書是重要的，哪些書是不那麼重要的，尤其是一些商業類的、故事類的、勵志類的書，這些書每年都會有很多種，但是真正對你有幫助的很少。

這就告訴我們，選書很關鍵，怎麼讀也很關鍵。

做其他事情也是一樣，當然，不是一味追求速度而忽視質量，而是避免用錯誤的方法浪費時間。做事情要學聰明一點，找到更高效的方法。

沒有指標的選擇就像沒有航海圖的遠航，沒有哲學引導的行動就像沒有燈在黑夜中前行。我希望「要事第一」可以成為你人生的指南針。

【要事第一計畫】執行清單

制訂「要事第一」的計畫表	具體內容（3 個月）
第一步，確立你的角色以及重要的事情	1. 這份計劃表中，確立你的主要角色。拿我的助理倩倩舉例：雖然她現在是上班族，但這份計畫表是針對「自媒體作者」身分的，所以此時她的重要角色是「自媒體作者」。 2. 拆解出這個角色最重要的三件事。最重要的三件事：學習自媒體知識、培養自媒體敏感度、找準個人定位；成功經營一個自己的帳號，漲粉 1 萬以上。
第二步，把重要的事拆解到每天的日程中。	運用莫斯科法則： ● Must（必須做的）：創建社交平台帳號，做好定位和選題庫，每週發佈2個影片。 ● Should（應該做的）：每天找選題，記錄選題內容，寫腳本，蒐集素材，記錄資料，做好經營等。 ● Could（可以做的）：課程學習、參加自媒體活動、看自媒體書等。 ● Would not（不要做的）：不要做跟重要任務無關的事，比如找選題變成刷手機、看綜藝等。

制訂「要事第一」的計畫表	具體內容（3 個月）
第三步，依據具體的時間段拆解每日計畫（我以周為單位舉個例子，你自己要以日為單位）。	• 週一：定選題 + 寫腳本 + 學習。 早上7點起床，花1小時確定本周選題；9點上班，19點回家（這段時間是正常工作時間，作為職場人的角色也可以去做「要事第一」計畫表）；20 ～ 22點寫內容腳本；22 ～ 23點學習相關課程和書。………… • 週二：找選題 + 寫腳本 + 修改週一腳本。（週二至週六具體時間安排省略。） • 週三：拍攝初步腳本。 • 週四：學習 + 修改腳本 + 發佈內容。 • 週五：學習 + 修改腳本 + 拍攝腳本。 • 週六：發佈內容 + 資料總結複習。整體節奏根據自己的把握，先完成再完美，即時反覆運算，確保最終 3 個月的大目標完成，這裡也可以用上 OKR 管理法。

底層邏輯 *10*

向上管理，做高績效職場人

上海疫情嚴重時，一位很久沒聯繫的朋友深夜找我，說自己疫情期間被裁，現在也找不到去處。因為共事過，我知道他的工作能力肯定沒問題，在職場上算是個可靠的人。

所以我很疑惑，他為什麼會被裁？

一問才知道，他們整個部門都被裁掉了。這已經屬於不可抗力原因了。

我給他出主意，讓他問問過去的領導們，有沒有什麼工作機會推薦。因為我自己這麼多年來，很少自己主動去找工作機會，都是跟前領導或者其他人聯繫，幫我內推一些好的機會。

我的職場之路之所以一直都很順利，有一點就是因為我在離職之後跟每一任老闆都保持著聯繫，他們也都願意在我遇到瓶頸或者困境的關鍵時刻幫我破局。

誰知他一副很吃驚的樣子地回覆我：「這樣也可以嗎？之前的領導們我基本都不來往了，以前工作也沒有怎麼聯繫過。」

我才發現，他一直以來都沒有做向上管理這件事。不只是我的朋友，很多人其實都忽略了向上管理。

關於「向上管理」，大部分職場人的認知存在一些誤區，總覺得下屬怎麼能「管理」領導呢？

生涯規劃師古典就曾在《超級個體》裡講過一個故事：某

次他在香港應邀參加一個國際大公司的酒會，過了一會兒，他們的老闆來了，會場中的中國人都是下意識地往後退，因為他們覺得老闆是權威；很多老外，即使是年輕人，卻下意識地往前湊，因為他們覺得老闆是資源。

這兩種對待領導的方式，也印證了在日常生活中大家對向上管理的兩種態度。

有人認為，職場道路，就是跟領導鬥智鬥勇，領導就是那個要找你碴，不斷給你設置 KPI(關鍵績效指標)，壓榨你勞動價值，掌握你職場生殺大權的人，所以千萬不要「惹」到他。

而職場之路順暢的人，往往是另一種想法：領導與我之間只是雇傭關係，我是幫助他完成 KPI 的人，他是我工作上的把關人，我不必喜歡、崇拜，但我一定要用好這個把關人，讓他幫助我成長、幫我指出錯誤、為我的成功提供資源，我一定要「管理」他。

這也是德魯克在《卓有成效的管理者》中指出的，**任何能影響自己績效表現的人，都值得被管理；在工作中，一個優秀的員工除了做好本職工作以外，還要學會管理自己的領導。**

向上管理，其本質就是通過成就領導來成就自己。

這是 21 天逆襲人生的第 10 天，學會向上管理的人生，到底有多厲害？

接下來跟大家分享我自己向上管理的經驗，教大家如何找到自己的貴人，如何讓牛人願意「帶」你。

↗ 第一，積極表達，事事有回應

如果老闆突然問你：「下周的活動準備得怎麼樣？」但這個任務本由其他同事負責，你完全不清楚，你會怎麼辦？

你是不是要回覆：「我不知道，這不是我的工作職責。」

這是消極表達。老闆關心的只有一點：活動進行到什麼程度了。你回覆三個字「不知道」是給老闆潑冷水，肯定會引發不滿甚至批評。

「這個事情我沒有參與，主要由李同事負責，我稍後詢問他具體進度，再向您匯報。」給出解決方案，而不是抱怨。**積極表達是向上管理的基礎，能給老闆積極期待就儘量不要潑冷水。**

再比如，你在做一個任務時遇到問題，影響了正常的工作進

度。你是不是會和老闆這樣匯報：「老闆，我現在遇到了××問題，不知道該怎麼辦。」

這樣表達只會讓老闆一頭霧水，他只是知道你出現問題，有些慌張，但根本不知道如何幫你，會大大降低溝通效率。

先說結論，再說原因，最後提供選擇方案。

「老闆，我現在遇到了××問題，我需要這樣做。原因有以下三點，分別是第一……第二……第三……不知道這樣做可以嗎？如果這樣不合理，我還有其他方案，比如第一……第二……您決策一下，然後我立馬執行。」

讓老闆做選擇題，而不是填空題。老闆是管理層，負責決策；員工是執行層，負責提供具體方案和認真執行。所以，千萬不要讓老闆降級，去做員工該做的事情。

↗ 第二，學會拒絕，主導自己的工作

職場大忌：不會拒絕，累死自己。

一定要記住，你要為你的工作品質負責，一旦老闆派給你的工作太多了，導致你動作變慢，工作品質受損，就要及時拒絕領導的工作安排，不過要做到有理有據。

一方面，可能老闆貴人多忘事，忘記你手上有那麼多工作了；另一方面可以再次跟老闆確認事情的優先順序，以免放錯工作重點。

千萬不要一聲不吭，埋頭在那裡苦幹。

事情做得好不好，和你有沒有管理好老闆對你的預期有重要關聯，要確保上司清楚可以對你有什麼期望，可以交給你什麼任務、定什麼樣的目標。你不會可以學，但不要不懂裝懂，免得交給你的事情最後才說沒做好。

↗ 第三，結果導向，遇事就解決

很多職場人經常抱怨自己工作又苦又累，怨天尤人，效率低下，無效加班。老闆詢問進度時，因為做得太少或者資源不夠，不知道怎麼匯報才不會挨罵。這個時候怎麼辦？

你不能說老闆我已經很努力了，我已經做了兩三天，希望能再給我一天時間，我一定完成。這樣的表達很空泛，不能給老闆足夠的資訊，老闆需要的是對進度的掌控，而不是單純想批評你。

只需要說三個點就足夠了：**產出、差距、需求**。

具體可以這樣說：老闆，我現在完成了 50% 的進度，具體完成了第一⋯⋯第二⋯⋯第三⋯⋯分別達成了 ×× 環節的指標。這是匯報產出。

然後匯報現在的進度和目標之間的差距，你可以說：距離目標完成還需要花大概一個下午或者一天的時間。

最後是提出合理需求。你這樣解釋：老闆，但是進度比較趕，從我目前的情況來說，可能需要同事協助，這樣我才有信心可以完成。

第一，老闆對你現在完成的進度足夠清楚，知道你在踏實做事，他可以稍微放心一些。

第二，你有具體且合理的原因，而不是單純找藉口偷懶，為保證任務完成，老闆會根據合理情況分配資源。老闆重視的是結果，根本不會關心你的過程如何進行。任務結果是客觀的，不要把主觀情緒發洩到職場工作中。

↗ 第四，掌控細節，主動匯報進度

老闆交代新任務時，你有一些不太理解的地方，但又怕表達不夠得體，怕挨批評。這樣想是錯誤的，那你要怎麼辦呢？

記住，抓住現場機會，主動詢問細節。

老闆交代任務時習慣抓重點，如果你沒有疑惑，一般老闆會默認你已經有清晰的思路，可以保證完成。但是如果你有疑惑，一定要當場立馬提問。只需講三個方面：**步驟、時間、進度**。

第一步，拆解步驟。

和老闆講清楚你的思路大概是什麼樣的，你要分為哪幾個步驟去完成這個事情，哪方面不太懂，同時詢問這樣做是否能達到預期。

第二步，明確時間。

在職場中一定要有時間觀念。先和老闆明確截止時間，並且時刻記住這個時間點，先完成，再完善。

第三步，匯報進度。

如果完成時間較短，比如一個下午就能完成，那就不用匯報，爭取在截止日期前完成即可。如果完成時間較長，需要好幾天才能完成，就一定要把握好關鍵點，和老闆及時匯報。

這樣做能讓老闆有掌控感，而不是等待老闆追問：「你有

沒有開始執行，怎麼安安靜靜的？」避免產生不必要的誤會。

比如你現在接到一個項目，你首先要和老闆說你怎麼看待這個任務，大概分為哪幾個步驟，這樣做是否合理，有沒有更好的建議。

然後詢問具體的截止日期，如果時間緊迫，自己又擔心無法完成，就和老闆講出你覺得困難的原因，是能力不足，還是任務難度較大，老闆會同意合理的訴求。

最後是匯報進度，比如進度過半時和老闆匯報一下：老闆，我現在任務做到一半，達成了 ×× 指標，距離目標還差多少。詢問老闆有無最新指示，然後繼續執行。

↗ 第五，根據領導性格，針對性相處

我們瞭解領導的目的是選擇合適的溝通方式和方法。古人云「伴君如伴虎」，雖然現代社會不會動不動惹上殺身之禍，但與領導相處稍有不慎就容易惹火上身。

在和領導相處時，還需要特別瞭解領導的個性。

比如說你的領導是一個性格耿直、為人剛正的人，那你跟他溝通的時候，就絕對不能撒謊。因為這種人他本身非常正直，

如果他知道你在某件事上撒了謊，他就可能以後不再相信你了。

　　如果說你的領導本身是一個慢性子，這個時候，你不管遇到了多麼緊急、多麼急迫的事情都不能慌張，因為這跟他的氣場和節奏是完全不一致的。

　　反過來，如果說你的領導性子很急，那麼在發生了緊急的事情時，你就必須很快速地做出應對，不能慢悠悠的。

　　其實，人與人之間的相處也是這樣，更何況領導呢。摸清領導性格，可以更好地「向上管理」。

　　掌握上面五大向上管理祕訣，你的職場發展就不會差。我自己從優秀員工到老闆，對這個問題的解讀，還是很有參考價值的。所以我給出的都是很具實作性的內容，希望可以幫到你們。

【向上管理】執行清單

向上管理 五步法	具體方式
第一步，接到任務，反覆確認。	需要確認的細節如下： • 這項工作的目標是什麼？ • 要達到什麼目的？ • 是否需要他人協同，甚至跨部門協作？ • 可能會遇到的阻礙是什麼？ • 有哪些工作推進的方式？ • 領導認同嗎？ • 以什麼形式提交工作結果？ • 什麼時間提交工作結果？ • 有無其他特別注意事項？
第二步，主動匯報，及時反饋。	只需説三個點就足夠了：產出、差距、需求。具體這樣説：老闆，我現在完成了 50% 的進度，具體完成了第一…… 第二……第三……分別達成了 ×× 環節的指標；距離目標實現還需要花大概一個下午或者一天的時間；從我目前的情況來説，可能需要同事協助，這樣我才有信心可以完成。

向上管理 五步法	具體方式
第三步，管理預期，降低期望。	要確保上司清楚可以對你有什麼期望，可以交給你什麼目標和任務；你不會可以學，但不要不懂裝懂，免得交給你的事情最後才說沒做好。
第四步，尋求支持，借勢資源。	1. 領導擁有你沒有的閱歷、人脈等資源，要懂得「用他的資源」完成任務。 2. 尋求幫助儘量說清楚你的想法，需要領導做的具體事項是什麼（讓領導看到只是舉手之勞）和說明他提供幫助的作用。

底層邏輯　*11*

提升專注力，努力對抗人性弱點

　　有一段時間，我工作的時候，部門的同事一會兒跑來讓我確認事情，一會兒又問我某件事要如何執行。我正在做專案 A 的時候，忽然要處理專案 B 的事情，處理專案 B 的事情時，又有人來面試。而與此同時，我還需要盯著其他好幾個專案的進度。

　　一天下來，我分身乏術，疲憊不堪，還感覺沒什麼產出。我好像做了很多事，又好像什麼事都沒做。那時候我感覺自己注意力特別不集中，做某個項目的時候，即使沒人打斷，也沒辦法保持專注。

　　直到後來，我看到一段話：「**一個專注的人，往往能夠把自己的時間、精力和智慧凝聚到所要做的事情上，從而不受其他事情的干擾，最大限度地發揮積極性、主動性和創造性，實現自己的目標。**」

　　我恍然大悟，開始給專案分配時間，上午只做專案 A 的事情，把事情解決完了，下午再專注於專案 B，這樣做時間利用率非常高。

　　我們每個人都會遇到許多事情要及時處理，如果你能迅速處理，你會覺得自己充滿信心和能量。但如果事情來了，你不知道如何取捨，只能手忙腳亂地一會兒處理這件事情，一會兒去處理那件事情，這樣的話往往到最後你會一無所獲，後悔不已。

以前的我認為：年輕人要有抱負，目標越多越好，規劃越細緻越好，而後再一個一個地去實現它們，這樣就會很有成就感。但是後來一位前輩在飯局上跟我說了一句話，他說：「不要好高騖遠，人這一輩子做好一件事就很厲害了。」

　　我忽然醒悟，回到家馬上給自己做了職業規劃，然後再將規劃拆分。

　　一個人的精力是有限的，這輩子不可能完成太多的事情。人總要找到屬於自己的那條路，那才是你靈魂深處真正的理想。當你反覆嘗試且最終選定了一個目標為之努力時，你會有一個感覺：我就該屬於這裡。

　　其實，這與前文提及的「要事第一」是同樣的道理，你只需把自己的時間和精力放在最想做的那件事情上，並把它做到極致，在某段時間內只為這一個目標服務。

　　邁克爾・喬丹說過這樣一段話：

　　「我認為畏懼往往來自缺乏專注。如果我站在罰球線上，腦中卻想著有 1000 萬觀眾在注視著我，我可能就會手足無措。所以我努力設想自己是在一個再熟悉不過的地方，設想自己以前每次罰球都未曾失手，這次也同樣會發揮出我訓練有素的技術……於是放鬆，投籃，出手，之後一切皆成定局。」

的確，如果你觀察那些成功的人，你會發現他們都具備專注的品質，在某一個特定領域持續深耕，最終達到別人難以企及的高度。

我開始學著專注當下，一次只做一件事，看書就是看書，不想其他事，也不想會不會有人給我發訊息，專注於眼前的文字。看電影就看電影，不聊天、不討論劇情，這樣我才能更好地控制我的注意力。

比爾·蓋茲和巴菲特第一次見面的時候，蓋茲的父親讓他們分享自己取得成功的最重要因素。兩人都給出了同樣的答案：專注。

尼采說：「具有專注力的人可免於一切窘困！」在這個充滿選擇、誘惑和干擾的時代，沒有專注力就沒有學習力。

這是 21 天逆襲人生的第 11 天，我們如何提高專注力？

找到原動力

居里夫人學習非常專心，不管周圍有多吵鬧，都分散不了她的注意力。有一次她在看書，她的姐姐和朋友在她周圍唱歌

跳舞，她就像沒看見一樣專心致志地看書。姐姐想試探她一下，就悄悄地在她後面搭起了幾張凳子，只要她一動，凳子就會倒下來。時間一分一秒地過去了，等她看完一本書的時候，凳子還是立在那裡。

世界上真正能夠登頂遠眺的人，永遠是那些一心一意做好手頭事，不會被其他事情影響的人。

結合興趣和目標，想一想我為什麼要做這件事，做這件事能給我帶來什麼好處。做喜歡的事是不會覺得枯燥的，會越做越喜歡。目標不能定得太高，簡單最好，你會覺得很輕鬆就能完成。

↗ 制定一個小而具體，且容易執行的目標

簡單的事重複做，你就是行家；重複的事用心做，你就是專家。李小龍曾說：「我不怕練一萬招的人，就怕把一招練一萬遍的人。」專業不在於多，而在於精。

在任何一組東西中，最重要的只占其中一小部分，約20%，其餘80%儘管是多數，卻是次要的，因此才有了著名的二八定律。

請你現在對你手邊的工作進行評估，分出輕重緩急，並儘量將目標拆分。

越小的目標越容易執行，也越容易提升自己的專注力。

越具體的目標越容易實現，也越容易讓自己集中注意力。

↗ 設置截止時間

羅斯福在讀大一的時候，在他身上出現了一個悖論。

羅斯福的注意力看起來明明極其分散，但奇怪的是，他的 7 門功課竟然有 5 門獲得了優等。原來，羅斯福的獨門秘笈是：給自己設置一個明確的期限。果然，deadline（最後期限）才是第一生產力。有了明確的截止時間，它會倒逼你去努力。

↗ 隔絕誘惑

法國思想家羅曼·羅蘭曾說過：「一個人能真正靜下來的，屬於自己的，不受外界干擾的時候，是一種難得的幸福。」

在這個世界上有太多的東西無時無刻不在誘惑著我們，金

錢、名譽、美食、美景……面對這些誘惑，又有誰能夠真正做到心無旁騖、目不斜視，一心只朝前方走呢？

放下零食、手機、電腦等，將之放到視線範圍外以免餘光掃到導致分心。千萬不要高估自己的自控力。

人這一生是非常漫長的，在通往生命盡頭的這條道路上，我們會遇見很多風景，同時也會經歷很多誘惑，有時候一個不起眼的小誘惑，都可能會對我們的人生造成巨大的改變。

↗ 遠離床和沙發

不管是在宿舍還是在出租屋，一眼就能看到床，總想躺著玩會兒手機，不知不覺一天就過去了。最好去圖書館、自習室、書房等地方學習，遠離讓你想要放鬆的床和沙發。

↗ 拒絕用手機放鬆

學累了總想放鬆一下，但是拿起手機不知不覺就會被各種資訊刺激，總想看到新資訊，完全停不下來，越看越累，試著

放下手機去室外走走逛逛，放空一下大腦，補充一下精力。

📈 佩戴耳塞提高抗干擾能力

我們無法專注，容易分心，是因為聽到動靜就忍不住好奇。人的本性中就有好奇心、求知欲，就像所有人都喜歡圍觀奇事一樣，佩戴耳塞能隔絕外界干擾，讓自己專注眼前的事。

📈 從堅持 25 分鐘開始

人的專注力是有限的，設定太長時間很難堅持，而且時間過長很容易疲勞，25 分鐘剛剛好，完成一個 25 分鐘後再繼續，累積起來就能堅持好幾個小時，會充滿達成計畫的成就感。

📈 改變生活狀態，不要過度消耗

有研究表明，睡眠不足的人容易變「笨」，智商變「低」，

創新能力變差，反應變慢，缺乏耐心、同理心和容忍心。

而那些靈光乍現的創意，和令人眼前一亮的想法，基本都是在睡飽之後才出現的。

所以犧牲睡眠去工作，不聰明，也不高效。

擁有健康的生活形態，早睡早起，更能擁有健康的生活節奏，提升自己的專注力。

能把事情做好的第一個要素就是專注。集中精力做你擅長的事情，持續深耕，不斷精進，便能達到別人難以企及的高度。

「股神」巴菲特正是如此，他一生都在做一件事：研究股票。他從小就開始閱讀和學習所有與股票投資相關的書籍，長大後更是深入研究關於投資方面的各種理論，極其專注，令他最終成為世界著名的投資大家。

他說：「每個人終其一生，只需要專注做好一件事就可以了。」當你真正專注於某件事情時，不為外物所侵擾，就不會被焦慮束縛。當你專注地投入進去時，你會覺得興奮。

很多人認為敲代碼很枯燥、無趣，但專注於此的人，會覺得敲擊鍵盤的聲音都是一個個動人的音符。

【提升專注力】執行清單

如何提升 專注力	具體內容
第一，制定一個小而具體，且容易執行的目標。	請你現在，對你手邊的工作進行評估，分出輕重緩急，並儘量將目標拆分。越小的目標越容易執行，也越容易提升自己的專注力；越具體的目標越容易實現，也越容易讓自己集中注意力。
第二，遠離資訊干擾，進行深度工作。	工作學習的時候，手機靜音。取消大部分 APP 通知，調成免打擾模式。 關掉一切不必要的 APP 通知。 告誡家人朋友，接下來你不方便回消息，有事等會兒再說……
第三，設置截止時間。	請你在做任何事情時，都給自己設置一個截止時間。
第四，改變生活狀態，不要過度消耗。	擁有健康的生活狀態，早睡早起，擁有健康的生活節奏，提升自己的專注力。

底層邏輯 _12_

不喜歡讀書，就和100個人聊天

上學的時候你有沒有過這樣一種幻想：**不學習、不上課，考試的時候拿高分？**

這不是幻想，「投機教父」尼德霍夫就用自己的方式完美做到了。

他年輕時上了哈佛大學，想在畢業時拿到甲等成績，但又不想認真學習，想留出時間做自己喜歡的事。那他是怎麼做決策的呢？你以為他會選擇冷門科系，不，他選了大熱門的經濟系，因為他發現：哈佛經濟系的研究生大多聰明，辦事可靠，平時教授總找他們打雜，而且教授為了表示感謝，往往會給他們很高的分數。

發現了這個秘密後，尼德霍夫做了一個「投機決策」：什麼課都不選，專門選哈佛經濟系那些最高級的研究生課程。結果如願以償，每門課都拿了甲等，而且幾乎沒去上過一節課。

這是尼德霍夫的初次「投機」，一戰成名。這個案例被巴菲特不止一次地提到過，人們還給這種方式取了個名字，叫作「尼德霍夫選課法」。

很多人都願意研究大佬們的現在，我卻更喜歡關注他們在還未嶄露頭角時的決策，他們成功的底層邏輯一定和他們過去的一套「成功了的」選擇邏輯有關。

這一點其實跟接受心理醫生治療的時候一樣，如果你現在有什麼問題，他們會問你，過去你做過什麼選擇。你的成就來源於你的選擇，而你的選擇來源於你的過去。

人生只有經歷過，才能懂得。而經歷的方式有兩種，要麼自己經歷一遍，要麼看別人走過的彎路。當我看到「尼德霍夫選課法」時，我就在想，雖然我自己沒有經歷過，但每個人的背後都是一座「實踐出真知」的寶藏，值得深挖。

朋友 A 是業內小有名氣的 KOL（關鍵意見領袖），年紀輕輕就取得了比較高的成就。我非常喜歡跟他在一起交流，他看問題總是一針見血。但我發現他好像不怎麼看書，我就比較好奇他是怎麼做到這麼有內涵的，一問才知道，就是多跟別人交流。

這跟我的想法不謀而合。

因為每一次與不同領域的人對話，我都仿佛在跟一個手握武功秘笈的人過招，在一次次提問和你來我往的回答中，我逐漸明白如何將創造出爆紅文案的秘笈延伸到短影片領域，在社交平台上怎麼「從 0 到 1」地做內容。

更重要的是，他們中的很多人都是行業內的精英，已經篩選出了很多經典的書籍，通過寥寥數語，將最精華的、值得分享的東西帶給了我。

比如，匯報工作要用到金字塔原理，結論先行；做時間管理是沒用的，要做精力管理，給自己留思考的時間；要學會發展副業和理財，不要把雞蛋放在一個籃子裡。

這種感覺太棒了，就好比大家一起在森林中生活，有人幫你把獵物帶到你身邊，去除沒用的、有毒的部分，將最精華的部分烹飪成佳餚，送到你的嘴邊。

而你自己也在不斷地輸入和輸出後，吸收有用的部分，完善、反覆運算自己的思維體系，將原本停留在文字上的總結，通過表達，最終落實到行動上。

在我看來，一年與行業內的 100 個精英談一次話，勝過一年看 100 本書。比起看書，與別人談話更能讓我進步。不喜歡讀書，選擇去和 100 個人聊天在某種程度上就是「尼德霍夫選課法」。

雖然深度交流是獲取資源和資訊的重要來源，但從通常情況來看，很多人在人際交往中都會遇到一個常見的苦惱：**和他人聊天只能停留在日常寒暄的層面上，難以深入下去。**

接下來這個部分，可以讓你在 21 天內掌握 7 個與他人進行深度溝通的技巧。

↗ 第一，找準時機

當你的交流對象處於積極且精力充沛的狀態時，他們就更容易以一個好的姿態與你交流，也更容易對你們之間的交流做出回應。

拿賈伯斯的例子來說：當時蘋果公司還是個名不見經傳的公司，百事可樂是全球性的跨國企業，賈伯斯想招募百事可樂的副總裁約翰‧斯卡利。

如果在中國的話，相當於現在未上市公司的總經理去招募中國石油的副總裁，完全是不可思議的事情。

賈伯斯見過約翰‧斯卡利後隨便聊了一下，就說了句舉世皆驚的話：「你想賣一輩子糖水，還是想改變世界？」就像被撥動的琴弦一樣，約翰‧斯卡利被賈伯斯的話撩撥了。賈伯斯短短的一句話放射出的能量，完完全全把約翰‧斯卡利震懾住了，最後他被賈伯斯說服了，答應加入蘋果公司。

百事可樂＝糖水？蘋果公司＝改變世界？

好像有那麼點道理，但從現實的角度來看，這兩件事都不是事實。事實只有一個：賈伯斯成功了。

反之，如果你的交流對象正處於人生低谷，或者正遭受挫

折，而你只是想找他閒聊，那對方不僅不能夠集中精力回答你的問題，還有可能對你們之間的交流產生抵觸情緒，甚至主動終止交流。

↗ 第二，保持專注

渴望得到尊重是我們每個人內心都追求的東西。在日常的人際交往中，無論對方的身份高低，我們都應當給予應有的尊重。

這就要求我們在與對方溝通時避免三心二意，邊交談邊看手機，或四處張望，這會讓你的交流對象感到不適，沒有被尊重。

當你在談話中保持專注時，會讓對方覺得自己很重要，讓他們有足夠的信心分享更多想法。

↗ 第三，積極傾聽

人有兩隻耳朵卻只有一張嘴巴，這意味著人應該多聽少講，少說多做。說得過多了，說的就會成為做的障礙。

電影《王牌冤家》裡有這樣一句臺詞：「說個不停不一定是

交流。」令人愉悅的交談，往往不在於你說得有多好，說得有多對，而在於你是否在言辭之間給予他人理解和尊重。

我們身邊可能都會有這樣一種人，他們無論在工作還是在生活中與人交談時，開了口就喋喋不休，別人想說話根本插不進去嘴，如果別人不給他們說話的機會，他們就會顯得煩躁不已。我相信這一類人在生活中是不太受歡迎的。

這一類人所犯的錯誤就是，不會傾聽。在哪裡說得愈少，在哪裡聽到的就愈多。世上不缺乏能說會道的嘴巴，但缺乏善於傾聽的耳朵。只有很好地聽取別人的，才能更好地說出自己的。

溝通是雙向的交流，我們不應該一味地向對方腦中灌輸我們的思想，而不去聆聽別人的想法。

↗ 第四，有同理心

深度交流的確能帶來無窮的益處，但有時也會伴隨負面效果。

俄羅斯的兩大文學巨匠 —— 列夫·托爾斯泰和屠格涅夫應邀來到作家朋友費特的莊園做客。這件本來應該是十分愉快的事，不料卻引發了一場激烈的爭辯，使得兩位偉大作家的關係出現了

裂痕，並很久不能彌合。

　　二人在對屠格涅夫女兒的教育問題發表看法時產生了分歧，最後愈演愈烈，不歡而散……

　　在朋友們的勸說下，事態終於得以平息，沒有釀成世界文壇的憾事，但此次激烈嚴重的衝突仍極大地刺激了雙方的自尊心，導致雙方關係破裂。這道裂痕整整延續了 17 個年頭，才終於得到修復。

　　在交流時，如果對方聊到一段悲傷的經歷，而你也有類似的經歷，或者你也向對方分享了一段讓你感到悲傷的經歷，對方便會相信你理解對方並感同身受，這會讓對方覺得自己並不孤單，從而願意向你分享更多關於自己的故事。

↗ 第五，善用回憶

　　如果你能在交流中提起對方之前跟你說過的事情，詢問事情的發展情況，或者你能提起之前對方跟你說過的某個人，詢問這個人的近況，這會讓你的交流對象感覺自己說過的話被重視，並且都被記在心裡了，這有助於建立你們之間的信任。

↗ 第六，展示脆弱

我們在與人交流中往往習慣於把自己包裝得更加體面，比如擁有好的房子、好的車、好的工作、好的朋友……但即便我們偽裝得很好，這也只會增加我們與對方的隔閡感。

適當地展示脆弱並不要求我們完全揭自己的底，而是讓我們卸下部分偽裝，真誠地與他人交流自己生活中的煩惱，這會讓對方覺得我們更加真實和真誠，增加親密度。並且，對方瞭解你沒有惡意時，通常會放鬆警惕並給出更積極的回應。

↗ 第七，學會提問

我們經常在網上看到有女生發自己像鋼鐵直男式男朋友的問候，或是像某個追求者一日三餐式的問候：吃了嗎？幹嘛了？好玩嗎？這些問題往往可以通過簡單的幾個字就回答完畢。

所以，我們需要注意，如果我們想瞭解對方更多資訊，就要學會問開放式問題，這意味著對方必須給出複雜的回答，而不是簡單的「是」或「否」。因此，這會讓對方展示出自己的真實想法、感受和需求。開放式問題也可以確保你進一步瞭解對方。

　　和 100 個人聊天是我很早就在實踐的一種成長方法，後來我
對這個方法補充了一些東西。而且對普通人來說，要找到各個領
域厲害的 100 個人本身就不是一件容易的事。不妨從現在開始，
制訂一個計畫，跟 100 個人交流，見 100 個陌生人，前期不用局
限族群，但一定要用上面幾個方法，做到深度溝通。

　　我敢保證，你會在交流的時候收穫驚喜。舉個例子，有一次
我跟一個計程車司機聊天，那天我因為出差特別累，司機好像看
出來些什麼，就問我：「兄弟你現在煩什麼呢？眉頭緊鎖。」我
說：「我煩的事情，你也解決不了。」沒想到大哥說：「你說說
看，什麼事都能聊一聊。」然後我跟他說了一下，結果沒想到他
竟把我的問題給解決了。

　　楊絳說過一句話：我之前以為不讀書是不足以聊人生的，後
來發現不瞭解人生是讀不懂書的。我覺得大家一定要去跟更多的
人聊天，因為他們的智慧是經過提煉的，能給你聽得懂、學得會
的東西，很多人都是從苦難生活裡熬過來的，他們給出的建議生
活化且蘊含生活的智慧，所以你更容易吸收。

　　作為一個作家，我真誠地建議，如果你看不進去書，就去找
別人聊天吧，說不定你們的聊天內容，可以帶給你很多驚喜和意
外的啟發。

【深度交流】執行清單

怎麼進行 深度溝通？	具體內容
第一， 找準時機。	當你準備深度談話時，一定要關注談話對象的狀態，確保雙方狀態都很好。
第二， 保持專注。	談話過程中盡可能保持專注，全身心投入這段對話中。
第三， 積極傾聽。	多給予回應，多問，多聽，少聊自己。
第四， 有同理心。	對對方的故事表達理解，多點頭，用「我理解……」、「我也是……」這樣的句式。

怎麼進行 深度溝通？	具體內容
第五， 善用回憶。	談話中，有意識地提對方說過的話、有過的經歷，建立你們之間的信任。
第六， 展示脆弱。	談話中試著袒露自己真實的煩惱、難過，學會展示自己的脆弱。
第七， 學會提問。	深度談話中，多準備開放式問題，可以讓對方展示真實想法、感受等。

底層邏輯 *13*

拒絕內耗，
你的人生不該如此

網上經常有人問：「一個人活得很累的根源是什麼？」

有一個回答被很多人點讚：「不是能力問題，不是外貌問題，而是沒能處理好與自己的關係。」

確實，很多時候，人之所以感到痛苦，不在於事情本身，而在於我們內心的衝突。對一件事過於敏感，任何一點風吹草動，都會激起你情緒上的波動。

久而久之，你不僅對自己越來越不自信，甚至對生活也產生了虛無的感受。

有時，上班一天感覺時間過得很慢，自己很累，下班後回想起來卻發現自己什麼都沒做。上班的時候，一會兒忙 A 事情，突然又被 B 事情吸引注意力，緊接著同事找你幫忙處理 C 事情。我們的精力本身是有限的，這樣不斷在未完成的事情裡來回消耗，對精力的影響特別大。

一段時間想減肥，一段時間想考證照，結果三個月甚至半年下來，減肥沒成功，考證照也沒成功。特別在意別人的看法，因為別人的一句話或者一個動作就胡思亂想、猜疑半天。

過度追求完美，不斷自我否定，覺得比起別人自己什麼都不行，什麼都做不好。不知道自己想要什麼，也不知道自己該往哪個方向走，感覺什麼都值得做，卻又不想開始。

每逢假期就躊躇滿志地制訂滿滿的計畫，覺得自己要開始改變人生了，最後卻刷了一整天手機，把時間獻給網路影音頻道。

其實，這些都代表著一種嚴重的內耗型人格。**內耗的過程，就像是用一把勺子慢慢將自己掏空。**

內耗很恐怖，它影響的面太廣了，會阻礙我們完成很多事情，如果你有內耗的跡象，強烈建議你看完這一章。我希望你可以過一過不內耗的生活，這樣你會發現一切都很簡單，生活很美好，自己也很美好。

這是 21 天逆襲人生的第 13 天，拒絕內耗，你的人生不該如此。

↗ 第一，積極主動，放大「影響圈」，縮小「關注圈」

《高效能人士的七個習慣》中講到一個觀點：**積極主動的人會放大「影響圈」，縮小「關注圈」。**

我們的生活可以分為兩個圈。「關注圈」就是你經常漫無

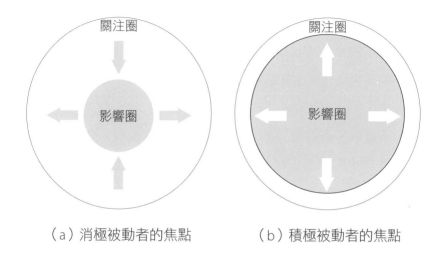

（a）消極被動者的焦點　　　（b）積極被動者的焦點

目的刷到的八卦新聞、網路朋友圈、網路影音等，對此你是被動選擇。「影響圈」就是你能通過自己的能力改變的事情，比如下班後學習一項技能、睡前看書、早起，對此你是主動選擇，主動看見，做這些事可以提升自己的能力和影響力。

你不必努力地去迎合別人，也不必努力地去討好別人，別人要是喜歡說什麼，那就讓他們去說吧，不要在意別人的眼光，你的眼裡只有前方。

努力地朝前看，用力地向前奔跑，向著心中所嚮往的地方靠近，無須去理會身邊人的閒言碎語，也無須在意身邊人複雜的眼光。

這或絢麗多姿，或精彩非凡，或陰暗沉淪，或庸庸碌碌的人生，不論是以怎樣的姿態出現在你的生活裡，它都是屬於你自己的人生，也是由你掌控的人生。

若是你不喜歡當下的生活，你大可以去改變，大可以去創造你理想中的世界，而其他的人，是沒有資格也無權去影響和改造你的人生。

比如現在老闆交給你一個非常重要且有挑戰性的項目，放大「關注圈」的人會不斷內耗，眼裡看到的只有消極結果。一直在想「如果我做錯了事情會不會挨罵，這個任務好難，我現在毫無頭緒」；而相反，放大「影響圈」的人眼裡全是嶄新的機會和挑戰。

他們會想「我可以的，這又是一個挑戰自己的機會」，然後評估自己的能力能否解決，需不需要找同事求助還是向老闆申請資源，開始清晰規劃步驟。

歸根到底，你就是想得太多，做得卻太少，一直拖延，把太多注意力放在「關注圈」。所有的「如果」都是自己設想出來的藉口。一直在意自己不能改變的過去，浪費時間又浪費精力。

　　所以，我們要多說「我可以」，關注「影響圈」，看到我們的機會和能力，改變我們能改變的，先行動起來，先完成再完善，為自己賦予能力。與此同時，你對這個世界的影響力也會擴大。

➚ 第二，分清自己與他人的界限，　降低對別人的期待

　　有個自媒體博主講過自己的一段經歷。

　　大學畢業後，他入職了一家公司，領導找了一位老員工帶他熟悉公司業務。但是，那位同事每次和他說話嗓門都特別大。

　　有時候聽上去，簡直就是像在吵架。

　　為此，他鬱悶了很久，覺得是不是自己哪裡做得不夠好，得罪了對方。後來他才發現，原來那位同事耳背，常常聽不清別人說話。所以他在講話時，音量也會不由自主地變大。很多時候我們內耗，其實是因為處理不好人際關係。內耗的人常常把別人的一舉一動都和自己聯繫起來。

　　《被討厭的勇氣》中有一個很著名的觀點：**課題分離**。什

麼是課題分離呢？

比如你今天穿新衣服去上班，在路上感覺周圍的路人都在看著你，你就會開始內耗：我是不是穿得太過標新立異了？是不是這身穿搭和我不太符合？別人會怎麼評價我？

其實，別人要不要看我們兩眼，怎麼評價我們，是他們的課題，是他們的選擇。我們無法控制，也控制不了他人的課題。

但我們可以改變自己的想法，不一定需要別人的讚美，我們完全可以自己認可自己，肯定自己，這是專屬於我們自己的課題。我們有自己的選擇。

比如你在和你伴侶用網路聊天，中途對方沒回你。這個時候你又開始胡思亂想：是不是我做錯了什麼事情？為什麼要冷落我不和我聊天？但那時對方可能是在開會而已。

對方發消息，其實是對方的課題，和我們好與不好根本沒關係。我們也有不發消息的權利。所以他人的課題與我們的情緒無關，我們不需要為他人的課題買單。

別人可以選擇不喜歡我們，同時我們也有不喜歡他們的權利。況且我們不是鈔票，做不到人見人愛，自己的時間那麼寶貴，為什麼要把注意力放在那些不重要的人身上？

記住，我們沒必要討好任何人。前面我們一直都在講怎麼對待外界，其實最核心的，應該是正視自己，體察自己。

➔ 第三，正確認識自己，放下外界的成見

叔本華說：「人性一個最特別的弱點就是，在意別人如何看待自己。」

很多人有自卑的心理就是認為自己是這世間最差的人，最無能的人。長此以往，心理壓力逐漸增大，從而慢慢形成自卑的心理。

當我們自卑的時候，要學會從多角度看問題，多發現自己的長處，當然不能無視自己的短處。遇到失敗的時候要理性對待自己的挫折。成功的時候要獎勵自己，失敗的時候則再接再厲。長此以往，你就會鍛煉出強大的內心。

不能因一次失敗，就認為自己能力不行。畢竟造成這次失敗的原因很可能是多方面的，不一定是能力不足。

讓自身的居住環境變得積極起來，如房間內粘貼勵志的書畫，屋子周圍養些讓人心情愉悅的花草。心理學研究表明，環境對一個人的心理起著潛移默化的影響，積極的環境能讓人擁有積極的心態。

當別人對你說「你是最棒的」、「你一定可以成功的」，你是不是反而覺得心有餘而力不足，壓力太大？別人對我們的期待和鼓勵是真誠的，你卻很怕因為收到太多關注，怕自己太

差滿足不了他人的期待。這一切都是因為，你沒有正確的自我體察，沒有真正認識自己的定位。

在社交平台有很多年薪百萬又長得好看的帥哥美女。對此，你想到自己每天加班薪資卻不到 5 位數，不會穿搭也不懂化妝，然後就開始焦慮、內耗，覺得自己很差。

蘇格拉底說過：「認識你自己。」我們要認識自己，知道自己哪裡好，哪裡還有上升空間。我們要在自己的生活環境裡扎根，不因外界隨便吹一陣風就搖擺不定。因為沒有正確的自我認知會讓你過於陷入消極情緒，甚至開始自我攻擊，繼而產生內耗，懷疑自己哪裡不行，陷入惡性循環。

你不一定要多麼完美，況且你也沒有自己想像中的那麼差。我們不必按照別人的期待去走，認清自己的目標和方向，踏踏實實，一步一步地走，其實就甩開 99% 的同齡人了。

間歇性躊躇滿志，持續性混吃等死。我知道這不是你想要的人生。我們內耗，我們感到敏感和自我懷疑，其實都是自己選擇的結果。只要你開始選擇改變，整個世界都會為你讓路。

【反內耗】執行清單

反內耗 三步法	具體方內容
第一步，正視自己內耗的現狀。	準備一張紙，一枝筆，寫下你自己的恐懼。 你可以問自己：「我到底在害怕什麼？」意識到負面情緒的存在，並試著接受它。
第二步，和負面情緒拉開距離。	比如，我們有了一個負面情緒：我是一個失敗的人。這時，不要焦慮，很正常地讓這個想法在我們大腦中停留幾秒，然後看它會對我們造成什麼影響。接著嘗試在它前面加上一個限定語：我有一個想法，我是一個失敗的人。你會感受到，這只是一個想法而已，並不是現實。
第三步，提高行動力。	通過第一步正視訓練，第二步與負面情緒拉開，第三步我們就可以更多地聚焦在行動上。馬上行動是降低內耗的有效方法，用以下兩個步驟就能簡單實現： 1. 開始行動，越簡單越好：開始做事可以控制在 2 分鐘以內，簡單起來就不容易恐懼，慢慢超額完成就會產生滿足感，強化記憶。 2. 學會犒勞自己：比如看書，看完一本，就獎勵自己一份禮物，以此激勵自己。

底層邏輯　*14*

作品意識，
讓你的價值可觀化

我多年前看過一個搞笑網路影片，有一幕是這樣的：

有位年紀輕輕的小夥子，熱愛讀書，關心國家大事，很有自己的想法，能對各種社會現象發表自己犀利的看法，朋友們也覺得他是個很厲害的人。但就在他看不起這個人、看不起那個人的時候，他發現他看不起的人工作生活都很順利，而自己還在為下個月的房租發愁。

看完這個故事我感觸很深，我身邊也不乏這樣的年輕人，眼高手低，好高騖遠，大道理知道一堆，卻很少能腳踏實地地去做一些實事，想法很好，卻不務實，無法真正做出屬於自己的作品來。

為什麼呢？

除了眼高手低外，一個很重要的原因在於缺乏「作品意識」。

我很久之前在《奇葩說》裡看到經濟學家薛兆豐說了一句話，我特別認同，他說：「每一個人，每一個時候，都是在為自己的履歷打工。」這話一點不假。

你的履歷越出色，你面試、加薪、晉升的成功率越高，議價能力也就越強。

在節目裡，薛兆豐強調我們要有老闆思維，要為自己打工，

但很多人可能會忽略一點，就是我們還要有職場作品意識。

可能有人會問：作品不是畫家、作家、導演等藝術家們的玩意嗎，和我們職場人士有何相干？

若你真這麼想，那就是大錯特錯了。

作品意識指的是我們要有意識地運用掌握的技能和知識等，產出高品質的內容，以此來證明我們努力的成果，相當於一份「視覺化的成績單」。

尤其是現代社會，一切都數位化了，你的大部分數據都可以被查詢、被驗證。這時候，你沒有作品，所有的標籤，所有的「自誇」，說出來都會不堪一擊。

面試時，你說你厲害，可以勝任這份工作，有什麼作品可以證明嗎？

你說你寫作很厲害，有發表過什麼作品嗎？

你說你經營帳號很厲害，有什麼優質帳號可以拿出來看一看嗎？

現代社會的公平在於，任何事情你都有機會用作品說話，但如果你沒有自己的作品，那麼你的工作充其量只是某種經歷，根本沒有說服力。

當然，很多時候，我們並不是沒有能力，而是不會對外總

結輸出自己的思考，將自己的成績視覺化呈現。

　　拿我自己舉例，我 20 多歲就實現了年薪百萬，並不是我特別厲害，生活中有很多人比我厲害，但他們沒拿到我這樣的成績。因為除了能力外，我一直在打磨我的作品，將我的成績視覺化。我寫了無數全網爆紅的文章，出版了十幾本暢銷書，操盤過有幾百萬級粉絲的帳號，不斷參加各類演講，曝光自己，擴大自己的社交圈、影響圈。

　　現在很多厲害的人會主動付費找我諮詢，我的很多工作機會也都是靠著這些影響力獲得的。

　　所以，人一定要有自己的作品，如果沒有，從現在開始就要有這個意識。

　　這是 21 天逆襲人生的第 14 天，擁有作品意識，讓自己的價值視覺化。

➹ 第一，創造屬於自己的代表作

　　馬克思說過：「人的一切行為，都是為了利益的獲取。」核心價值和社交關係就像皮和毛之間的關係，皮之不存，毛將

焉附？挖掘自己的核心價值，最好的方式就是創造屬於自己的代表作。

你的代表作有多醒目，你的社交籌碼就會有多大。如果你做過的案例或事件到了人盡皆知的程度，你的社交籌碼就是非常強大的，隨便出現在一個場合，都會有很多人慕名來找你合作，你自己就是一張行走的名片。你會有大量的機會，同時你再也不用為了社交而絞盡腦汁了。

縱觀古今，那些流傳千古、聞名於世的人，都有屬於自己的代表作。

談到李白，人人皆吟《靜夜思》。

談到莫言，人們記住的是他的代表作《豐乳肥臀》。

談到貝多芬，人們想到的是《命運交響曲》所呈現的音樂風格。

談到張國榮，想到的是「哥哥」和他的代表作《霸王別姬》。

…………

每一個有實力的名人背後都有有分量的代表作支撐。在當今這個鼓勵創造的時代，你也可以打造自己的「代表作」。

就像近幾年知識付費特別流行，很多知識博主成功打造了自己的品牌。談到羅振宇，我們會想到邏輯思維。談到秋葉大叔，我們會想到 PPT 教學。談到樊登，我們會想到樊登講書，

要知道樊登讀書會的估計值已達到幾十億，而樊登本人在兩年時間內就身價過億了。

這些人通過輸出觀點或者提供服務成功打造了個人品牌，所以他們可以具備更多的社交籌碼。

美國著名作家哈伯德曾說過：「要結識朋友，自己得先是個朋友。」你對別人有價值，才能獲得別人回饋的價值。想要建立高端社交，請先創造你的代表作。

我最初寫過很多千萬閱讀量的網站爆紅文章，所以我的價值就是我的文章，同時我的文章也是我的代表作。後來，我的作品成為一本本暢銷書，變成一個個商業諮詢案例……網上到處都是我的內容，這些都是我的作品，到哪裡都可以成為我能力的證明。

↗ 第二，標籤清晰，傳遞社會價值

如果你暫時沒有成熟的作品對外展現，你就得擁有一項特別的技能，能幫人解決問題。這樣，別人在向其他人介紹你時，也會不約而同地提到你的某些特點和標籤。

你不是簡單的個體，而是解決某個領域某種問題的代名詞。

你可以思考你是否有自己的品牌，也就是異於其他人的長處，讓自己具備獨特的職場價值。

你 PPT 做得很好，擅長匯報和演講。

你文案寫得不錯，適合梳理工作。

你喜歡組織活動，可以在組織團體建構上多出點力。

你做計畫有條理且能實行，可以站在更高的角度幫助領導。

你程式寫得好，而且還很心細，可以測試設備性能。

就像我，我一開始也是什麼都沒有，是在實踐中有了自己的方法論後，才寫出了很多的爆款文章。在不同的平台講課，和更多的人進行互動，對自己的內容不斷反覆運算。在內容禁得起考驗後，我把所有的知識整理成書出版。除了寫書，我還做了網路影片，做企業品牌，可以說我會每一種行銷的玩法。

我給自己貼了一個標籤：**呂白＝爆款**。讓人看到爆款，便想到呂白。有了這個標籤後，很多互聯網公司的高級主管或多或少都聽說過我，我也因此接到了一些大公司的諮詢邀約。正是因為我有自己的代表作，才有更多的大佬認識我並願意和我有更加深入的交流。

我在社交場合中跟他們有共同語言。大佬會主動詢問跟我

有關的話題，我們大多數時間都在聊怎麼搭建一個品牌，怎麼做出爆款內容。因此，我不會遇到大佬們都在飯桌上聊金融，而我對理財知識一竅不通的尷尬場面。

這裡的代表作不一定是一本書，我只不過是將我的經驗總結成了書，更加直觀。作為普通人，你的代表作完全可以是你擅長的、可以幫助別人解決問題的某項技能。

比如，你在幫助大家提高行動力上有深刻的見解，就可以複習關於行動的各個環節，如時間管理，提升效率、專注力和注意力等。

總結一套你實踐出來的方法論，提供一個切實有效的解決方案。這個能幫助別人提升行動力的解決方案，就是你的「代表作」。

所以在社交關係中，代表作的形式不限於書籍、樂曲、文章，只要你能讓大佬快速意識到你的價值即可。

⤴ 第三，外化顯現，內化修煉

在這個時代，你要有作品證明自己，但具備真正的作品意識

除了「向外綻放」，有清晰可視的「作品形式」，還要不斷打磨自己，修煉內功，提升自己。這個時代不會辜負每一個用心努力的人。

永遠要想怎麼做得比同行快 10 倍。

在這裡，給大家提供兩個策略。

第一，學會求助。如果你剛剛接觸業務，什麼都不知道，那麼想儘快進步，最好去找公司裡的高手。如果沒有，就去找行業裡的專家。

第二，不斷試錯。敢於試錯，發現一個你覺得可以用的方法後請立刻用起來。很多時候，你不需要知道那麼多道理，只需要一個行動。

當你真正用這個思考方式去解決工作中的問題時，一切阻礙都會變成挑戰，激發出你無窮的創造力。

你如果真的想取得一些成績，完成一些厲害的事情，一定要記住一句話 —— 比同行快。因為你只有敢於將自己的想法付諸實踐，不斷試錯，不斷改進，你才有可能快，你才有可能在這個領域擁有拿得出手的成績和作品。

↗ 第四，持續思考事物的本質

為什麼呢？

我見了很多行業最厲害的人，我問他們某個行業怎麼做的時候，他們不會說 10 個點、100 個點，甚至 1000 個點，他們只說 3 個點。當年在做新媒體的時候，別人問我說怎麼做新媒體，我說有 100 個點，後來我逐漸精進、逐漸明白的時候，就發現 100 個點可以合併為 30 個點。

因為有很多點是重複的，它們可以被歸類整合。後來到我更會琢磨，更專業，全網有了 1 億粉絲時，我發現要做好新媒體有 3 個點就夠了。你會發現你越牛，這個世界越簡單，你在這個領域越被認可。這個世界就是一個再簡單不過的遊戲。

有一句話叫「真傳一句話，假傳萬卷書，大道至簡」，是什麼意思呢？就是如果是真理，一句話就能說清楚了；如果是歪理，就要用 1 萬本書來說。

人與人之間的最大差別不是其他東西，是思維，是你掌握的底層邏輯。底層邏輯，是指從事物的底層、本質出發，尋找解決問題的思維方法。底層邏輯越堅固，解決問題的能力也就越強。

【提升作品意識】執行清單

從現在開始 擁有作品意識	具體內容
第一步，定期更新自己的作品集。	建立一個資料夾，命名為「作品集」，以 3 個月為時間單位，更新這個資料夾。
第二步，以終為始，倒逼自己累積作品。	設定一個目標，拆解這個目標需要的能力，再對應這些能力去累積作品，不要多，要的是精品。 比如你下一個職場目標是成為公司的內容負責人，你就去找對應的內容負責人交流。瞭解擔任內容負責人的任職條件：有輸出爆紅內容的經驗，寫過 20 多篇 10 萬字以上的文章、帶過不少於 3 人的內容團隊、獨立負責過百萬粉絲級別的大平台、從事內容工作不少於 3 年…… 這就要求你既要有直接作品 —— 寫出的爆紅內容；又要有間接作品 —— 帶過團隊的經驗。等你的「作品集」中有了這些作品，你也就有了升職或跳槽的資本了。

從現在開始擁有作品意識	具體內容
第三步，充分利用社交平台傳播你的作品。	作品意識加上賽道意識，才能將個人影響力發揮到最大。 例如：文字，你可以通過各大平台進行宣傳，成為各大平台的作者等；如果你會攝影，你可以註冊成為知名網站的作者，分享你的照片；如果你會畫畫，你甚至可以和其他品牌合作，合作設計一款產品。

底層邏輯 *15*

記憶力飛升，必備費曼學習法

說起記憶力，想必很多人有一大堆意見要發表：

「學生時代死活記不住東西，每次考試都熬夜背了啊！」

「有的人腦子比較靈活，記東西特別快，換我就不行！」

「有的事情想忘卻忘不掉，有的事情想記卻記不住！」

…………

記憶在我們的生活中可以說是無處不在，記憶力不好的人也因此飽受挫折。

但其實，在記憶力層面，沒有天才和普通人的區別。

有心理學方面的研究報告指出，**每個健康人的大腦和科學家的大腦之間並沒有什麼差別，其中的差異主要來源於每個人的使用方法，而這種差異可以通過一些方法消除。**

這一點我太認同了。雖然記憶力沒有好壞，但記憶方法真有好壞。好的記憶方法有利於提高學習效率和工作效率，同時也會為你的生活帶來意想不到的收穫。

一直以來，我都不是什麼學霸，也不是那種會認真背書學習的人，但很多同學都很佩服我「臨時抱佛腳」的能力。我就是那種平時 99% 的時間都在玩，考前幾天突擊也能取得不錯成績的人。我在學生時代就用了一種快速記憶的方法，別人要複習好幾遍才能記住的，我只要複習一遍基本就能記住，無形中

我比別人節省了不少時間。

這是 21 天逆襲人生的第 15 天，我們來學習如何用 3 招讓你的記憶力變好！

這個方法可複製、可執行，核心是：先定目標，梳理框架，再拆分，最後填充。

我就拿我的期末政治考試舉例。

↗ 第一，定目標

首先我會將所有的考試重點總結在 2 ～ 3 頁紙上，1 萬字左右，我的目標就是把這 1 萬字背好且理解到位。

一定不要拿起書本就開始硬背，除了一些天才，他們可以把自己看過的書一字不差地背下來，並在需要運用的時候準確地回憶起來。我們普通人是不可能在短時間內做到一字不差地背誦全文的，所以先要定一個具體清晰的記憶目標，你才能有的放矢地去突破。在定目標的時候，一定要根據自己的實際情況，找準自己的方向，而不是漫無目的地給自己增添負擔。有

了清晰且正確的方向，你在記憶過程中才有可能實現事半功倍。

↗ 第二，梳理框架列重點

我會先把這 1 萬字的重點梳理一遍，看看這 1 萬字是不是能歸納成 5 個核心左右。可以通過思維導圖的方式，先把大的框架梳理清楚，然後再在大框架下細分，把每個核心之間的關係弄清楚，每個核心延伸出約 3 個知識點，這樣下來，整個框架就有約 15 個知識點。

這樣梳理下來，1 萬字變成了 15 個知識點，我就會覺得這件事情容易多了，自信心也得到了增強。

自信對記憶力是很重要的。

有研究表明，在大多數情況下，我們並不是記不住，而是不相信自己能記住，所以乾脆就不用心去記憶。記憶和工作、學習一樣，那些自信的人總能比不自信的人做得更好。當我們認為自己記不住的時候，多數情況下我們會放棄記憶，即使繼續堅持記憶，也往往會因為信心不足而失敗。

所以，打消自己的畏難情緒吧，你會發現一晚上你也能記住 1 萬字。

↗ 第三，記核心框架

　　這 15 個知識點最多也就 300 字，你先去記住這 15 個知識點，無論你是硬記，還是聯想記憶，根據自己的習慣來就行。

　　一旦你快速記完這 300 字，你就會有很大的成就感，這種正回饋會不斷激勵你向下一個目標前進。

↗ 第四，多複述

　　考試的目的是讓你理解知識點，考試給分的關鍵也是有核心點就行。通過上面三步，你已經把考試重點的核心都記住了。現在我們對著每一個點，想像自己正在講給別人聽，用自己的語言複述細節，不會的再去看原素材，對比重點記憶這一部分。

　　這裡會用到一個方法：**費曼學習法。**

　　學習吸收率金字塔表明：**「教給別人」對學習的吸收率是最高的，達 90%。** 就是表面上看是在教別人，其實是在以教的方式「逼」自己查缺補漏。

　　費曼學習法被稱為史上最牛學習法，能夠幫助你提高知識

學習吸收率金字塔

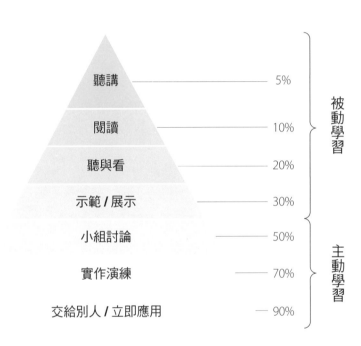

聽講 ——————— 5%

閱讀 ——————— 10%

聽與看 ——————— 20%

示範 / 展示 ——————— 30%

小組討論 ——————— 50%

實作演練 ——————— 70%

交給別人 / 立即應用 ——— 90%

被動學習

主動學習

(注：美國國家訓練實驗室研究證實，不同的學習方式，學習者的平均效率是完全不同的。)

的吸收效率，真正理解並學會運用知識。這個學習方法，可以驗證你是否真正掌握一個知識，能否用直白淺顯的語言把複雜深奧的問題和知識講清楚。

有個故事，有一位農民父親，他的女兒考上了清華，兒子也考上了北大。有人就好奇地問他：「你把兩個孩子都送進了名牌大學，是不是有什麼絕招啊？」

農民憨厚地說：「我這人沒什麼文化，也不懂什麼絕招。只是覺得孩子上學花了那麼多錢，不能白花了，就讓孩子每天放學回家，把老師在學校講的內容跟我講一遍，如果有弄不懂的地方就問孩子，如果孩子也弄不懂，就讓孩子第二天問老師。這樣一來，花一份的錢，教了兩個人。

「奇怪的是，孩子學習的勁頭特別強，哪怕是別人的孩子在外面玩得熱火朝天也不為所動，就這樣學習成績從小學到高中一路攀升，直到考上清華、北大……」其實這位父親所用的，就是費曼學習法，只是他沒意識到而已。

費曼學習法，就是以教的方式，逼迫自己自覺，甚至是開心地完成學習。

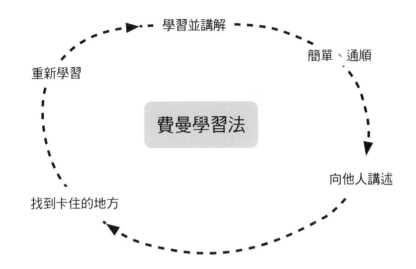

費曼學習法的具體操作方式：

第一步，選擇要學習的概念，拿一張空白的紙，在最上方寫下概念的名稱。

第二步，設想你是老師，要教會一名新生這個知識點。這一步要假想自己是講給一名毫無這方面知識累積的學生聽，把你對這個知識點的解釋記錄下來。

後來，我發現我的記憶方法不僅讓我順利通過考試，還成

了我做事的一種基本方式。

在工作和生活中每遇到一個問題，我都會先定目標，定框架，列重點，再拆分，填充，這讓我解決問題非常快速高效。

這個記憶方法還有一個好處，就是能很快讓我看清事情的「本質」。也就是能很快完成前文講的，梳理框架列重點。

我之所以可以寫出那麼多暢銷書，核心就是我擅長對事情進行框架梳理，迅速找到重點。解決了最重要的事情，我再去豐富「血肉」就很簡單了。

這一套方法，我建議大家充分運用到工作和生活中。這是我親測後證明有效的方法。

最後，不要在自己狀態不好的時候強行進行記憶，很多時候，你休息一下會發現記憶效率很快就上來了。

俗話說，**休息是為了更好地工作。**

勞逸結合不僅能避免過度疲勞造成的厭倦感，還能最大限度地保證我們對工作、學習的熱情和興趣，讓我們提高效率，工作和學習起來事半功倍。

【記憶力計畫】執行清單

可複製、可執行的高效記憶法	具體內容
第一， 定目標	**方式**：在紙上寫下 ×× 時間完成 ×× 目標，細分到每一天要完成 ×× 任務。 **比如**：7 天后要考試，我要背完一本書的知識重點，首先我花時間整理 2 萬字左右的筆記，那我就要花 7 天時間背完這 2 萬字。
第二， 梳理框架 列重點	**工具**：思維導圖。 **方法**：梳理這 2 萬字，發現其核心就講了 10 個點，用思維導圖將每個點延伸 3～4 的點，這樣核心點就變成了 30 個左右。
第三， 記核心框架	重點記憶這些核心點，快速記住核心框架。
第四， 多複述	用自己的話去解釋這些核心點，反覆複述，對比課本，完善複述邏輯。

底層邏輯 *16*

掌握寫作方法，
撬動人生槓桿

2022 年五四青年節，諾貝爾文學獎得主莫言老師，以過來人的身份，現身 B 站（bilibili 網站），為年輕人拍攝了一部名為《不被大風吹倒》的短片。

在短片中，莫言老師說：「**一個人可以被生活打敗，但是不能被它打倒，越是困難的時刻，越是文學作品能夠發揮它的直達人的心靈的作用的時候。**」

這說給年輕人聽的話，其實也是在說給我們所有人聽。「不被大風吹倒」是每個人的希望。但只喊口號沒用，大家都要增長內力與定力。這個內力與定力，對我來說，就是寫作。

每個人寫作的目的，可能各不相同。

有人想像莫言、村上春樹一樣成為職業作家；有人想提升表達能力，獲得更好的工作機會；有人想在專業領域輸出意見，提升影響力；也有人想打造個人品牌，提升氣質和魅力；更有甚者，無他，喜歡、熱愛寫作而已。

但能擁有寫作這項技能的人，生活過得一定不會差。

也許在過去，即使是大作家，也曾為寫作到底能帶來什麼感到迷惑過。

作家王小波在談到為什麼要寫作時曾說寫作是一種趨害避利的危險行為。因為據他所知，這世界上有名的嚴肅作家，大

多是湊合過日子，最後他只得把這種行為歸結於「我相信我自己有文學才能，我應該做這件事」。

但在現代社會，我很少看見一個寫作能力優秀的人，會過得不好。相反，我看過太多因為寫作而隨心所欲、自在生活的人了。

很多人會對寫作望而卻步，我用自己的經驗告訴你們，寫作並不是「天賦選手」的飯碗，它是普通人的飯碗。

我們總以為作家是那種下筆如有神，坐在書桌前就可以文思泉湧，自覺又自律，沒有人監督也能老老實實地坐在書桌前，認認真真寫作的人。

其實並不是。有個作家曾說：**「世間哪有什麼天賦異稟的作家，哪有什麼從天而降的靈感。寫作就是日復一日地枯坐在書桌前對著一疊白紙，日復一日地枯坐下去。」**

這是 21 天逆襲人生的第 16 天，我們來學習如何寫作！

我們先解決很多人都想知道的問題：**怎麼快速完成一篇文章？**

第一點，列提綱。

很多人寫不出來，因為他不知道寫什麼。那怎樣才能知道

自己該寫什麼呢？

不是說你在那裡硬想我要寫什麼，而是要先列個提綱，基於這個提綱，去想寫什麼主題、寫什麼方向的內容。

快速寫作的方法就是知道要寫什麼。這時候的寫作就像建造房子，先有設計圖，再去打地基，然後再去鋪水泥。

第二點，寫完提綱，大量輸入。

有一個能力對寫作來說很重要，就是資訊搜索的能力。

寫完提綱後，你需要搜索大量素材，將之填充到對應的提綱下面。必要時，你會在獲得更多資訊的時候調整你的框架。

第三點，開始行文，擴充血肉。

素材尋找完畢之後，你需要有一個確定的內容主題，以及完整細緻的框架。

這個時候，可以開始用自己的語言去寫作，同時挑選更加優質的素材填充進來。這樣很快你的初稿就完成了。

海明威曾經說過：「初稿都是狗屎。」後面就是不斷修改完善的過程。

我跟大家說一說**長期寫作的幾個訓練方法**。

↗ 第一，固定時間，強制多寫

杜魯門‧卡波蒂曾說：「多寫是唯一的利器。」

每天固定一個時間，坐在書桌前，打開電腦或者鋪開一張紙，直接開始寫，什麼也不要管。

你就寫那一刻出現在你腦中的東西，想到什麼就寫什麼，不要管語法，不要管措辭合不合理，不停地往下寫。

可以給自己設置一個小鬧鐘，鬧鐘響才停筆。我每次都會設置一個半小時後的鬧鐘，寫完後常常發現竟已寫了超過 1000 字。堅持這麼寫一段時間後，寫稿對你來說就不再是難事了，你也不會覺得每次提筆什麼都寫不出來。

↗ 第二，找準一個方向，精準擊破

前期寫作一定不要漫無目的，比如今天寫觀點文，明天寫人物稿，對新手來說，最好是先找準一個方向。

不同的稿件類型，背後的寫作邏輯會有本質的不同。與其雨露均霑，不如先攻破一個領域。

我有一段時間就是花了兩個多月練習寫人物稿，那段時間

我基本不寫別的稿件，每天都在研究人物稿的寫法，找人物素
材。就這樣堅持寫了兩個月之後，我感覺我的寫稿能力有了很
大提升。

寫作是一通百通的，先找準一個方向，避免漫無目的地前
進，反而可以有更大的突破。比如寫人物稿累積起作品，後面
寫觀點文你會更得心應手，再將這種能力遷移到商業軟性文章
上，對你來說也不會難的。

第三，拆解文章，總結學習

做什麼事情都是這樣，「姿勢」對了，越做越順，否則事
倍功半。社會心理學研究表明：模仿是最直接、最快速的精進
學習的方式。寫作當然也不例外。

我寫作之初常常遇到的問題就是，不瞭解文章結構，越寫
越「自嗨」。

解決這個問題的辦法就是：拆解文章。

我們可以去根據自己寫的稿件類型，找到同類文章中的爆
紅文章拿來拆解分析。

如果不會拆解，我給大家幾個拆解的方向：

1. 拆解選題，分析文章選題的類型，好在哪裡。

2. 拆解標題，用了什麼結構，關鍵字是什麼。

3. 拆解開頭，開篇如何破題，好在哪裡。

4. 拆解正文，正文用了什麼結構，小標題是怎麼寫的，案例如何穿插運用。

5. 拆解結尾，結尾如何昇華觀點。

第四，少用連接詞，多用短句

如今的新媒體文章，喜歡用短、平、快的句子，不喜歡過去那種冗長華麗的句子。所以我們在日常練習中，也要多寫短句。

新媒體閱讀是碎片化的閱讀，如果一段話冗長又難理解，讀者可能會直接關掉這篇文章，不會再繼續往下看。因此，我們寫稿千萬不要挑戰讀者的耐心。

那麼，如何寫短句呢？

1. 少用形容詞，多用動詞和名詞。

2. 如果一句話包含兩個意思，那就拆成兩句話。

短句是最能直擊人心的，一句話裡修飾詞加得越多，它的

力度反而會越弱。

↗ 第五，堅持更新，一週一篇長文

一週一篇長文其實是最佳的目標，如果達不到的，可以一個月三篇，或者兩週一篇，但是一定要持續輸出長文。

前面說過，你可以隨意寫，當成練筆。寫長文就是在練筆的基礎上，提升自己的寫作能力。寫長文可以鍛煉我們的結構編排和整體的語言構思能力，如果只是練筆，不寫長文，那我們的寫作能力也不會提升。如果擔心自己寫不出，或者會拖延，可以給自己設置一個截稿日。截稿日是寫作者的好朋友。

有很多寫作者，都是因為有截稿日的存在，才最大程度地發揮了自己的寫作才能。

↗ 第六，最重要的是一定要堅持

英國著名作家狄更斯平時很注意觀察生活、體驗生活，不管颳風下雨，每天都堅持到街頭去觀察、聆聽，記下行人的零言碎

語，累積了豐富的生活素材。

因此，他才能在《大衛‧科波菲爾》中寫下精彩絕倫的人物對話，在《雙城記》中留下逼真的社會背景描寫，從而成為英國一代文豪。

每次和別人分享寫作的技巧，我都會談到堅持。堅持不是技巧，卻是一切技巧的根源。

我從來不相信有人努力寫作會寫不好。更多的人是感覺看不到希望，堅持不下去。

我自己就是在這條路上摸索了很久。我曾經被拒稿數十次，長達大半年的時間零收入。但是我很感激那個時候沒有放棄的自己，正是因為堅持下來，才有今天的我。

寫作這條路很像一條從平緩到迅速爬升的曲線，前期我們經歷的就是那個平緩的階段，熬過去了你一定會有爆發式的成長。

我曾說過一句話：70% 爆紅相似 × 足夠多的實驗品 ＝ 100% 爆紅。很多人注意到了爆紅相似，卻忽略了足夠多的實驗品這一要素。有人發完一條社交平台訊息文章後來問我：為什麼不火紅，該怎麼做，自己是不是不適合。我說：你才寫了一篇怎麼可能火紅呢？你是天才嗎？你是上帝選中的人嗎？

　　說這件事情就是想跟大家說，不要急於求成。當你認準了一件事時，你義無反顧地堅持下去就好了。一努力就要看到效果，這是小孩子才會做的事情，你該做一個成熟的大人了。在你堅持的過程中，焦慮和迷茫一定會得到緩解的。

　　最後，請大家記住股神巴菲特的一句話：最大的投資就是投資自己。不要放棄學習，去學習能讓你成長進步的課程，去跟比你厲害的人聊天，想盡一切辦法讓自己成長。當你一步步推著自己往前走的時候，你會知道你是在往一個好的方向發展，你的迷茫焦慮也會減少。

　　我一直有個觀點，就是先做正確的事情，然後正確地做事，在這個過程中，不著急，慢慢來，允許自己慢慢變好。

　　我們總是傾向於高估人生的某個決定性時刻，低估每一天微小的累積，但正是這些一點點的進步塑造了今天的我們。花點時間逐步修正自己，一步步改變，一點點累積，這些改變和累積會幫助你逐步實現你的夢想。

　　一個人，只要在某個細分領域成為專家，就沒有什麼所謂年齡詛咒，反而會越來越吃香。寫作就是這樣一個領域，只要掌握了，你就會擺脫一切年齡詛咒。你會變得越來越自由，無論是金錢還是身心方面。

【寫作計畫】執行清單

堅持寫作計畫 （30天一個週期）	具體內容
第一條，固定時間，強制自己多寫。	邀請幾個好友，建一個寫作監督群，規定自己每天寫 1000 字，完成打卡，沒有打卡就在群組裡發 100 元紅包。
第二條，找準一個方向，精準擊破。	1. 明確自己的寫作方向，情感文、人物稿、故事文等，看個人興趣，我建議從人物稿開始。 2. 在這 30 天內，只寫人物稿。

堅持寫作計畫 （30 天一個週期）	具體內容
第三條，拆解文章，總結學習。	人物稿來源：人物誌等媒體。拆解 50 篇人物爆紅文章，學習總結方法。 1. 拆解選題，分析文章選題的類型，好在哪裡。 2. 拆解標題，用了什麼結構，關鍵字是什麼。 3. 拆解開頭，開篇如何破題，好在哪裡。 4. 拆解正文，正文用了什麼結構，小標題是怎麼寫的，案例如何穿插運用。 5. 拆解結尾，結尾如何昇華觀點。
第四條，70% 的時間和精力花在修改文章上。	1. 持續寫作：細化目標，每日 1000 字，每週兩篇 3000 字的人物稿。 2. 找人改稿：找到一個寫作高手幫你改稿，付費都可以（這是進步最快的方式）。 3. 用辦公軟體，保留修改痕跡，對比修改前後的文章，總結複習。如果找不到幫你修改的人，可以自己反覆修改，也可以給朋友看，讓他們提問題。你自己摸索著修改，這是一種下苦功夫的方法，能堅持下來，你的基本功會非常扎實。

底層邏輯 *17*

認識自我，尋找定位放大優勢

在希臘的雅典城裡，有一座阿波羅神廟，門楣的石板上刻著一行字：認識你自己。

生活中，很多人一輩子都在揣摩他人，卻很少去探究自己。

老子曾言：「知人者智，自知者明。」

楚漢之爭後，劉邦在總結自己取得勝利的經驗時，說過這麼一段話：「運籌帷幄之中，決勝千里之外，我不如張良；鎮國家，撫百姓，給饋賞，不絕糧道，我不如蕭何；連百萬之眾，戰必勝，攻必取，我不如韓信。這三個人是天下人傑，可是都能為我所用，所以我能夠奪取天下。」

劉邦不擅長帶兵、謀劃和理財，但他善於用人，能驅使比他厲害的人為其效命，所以能成就大業。

其實，每個人都有自己的長處和短處。在不擅長的領域拼命找存在感，往往耗盡心力卻所得無幾。而真正聰明的人，都在做自己擅長的事，並且堅持做下去，做到極致，直至取得成功。

在經濟學裡，有一個「木桶理論」。大意是說，**一個木桶能裝多少水，不是取決於最長的那塊木板，而是最短的那塊木板。**

這沒錯，一個人的發展，往往會受限於自身的缺點和短處，所以要補足短處，改善不足，不斷提升自己。

但是，短處只會制約你的成功，真正決定你能否成功的其實是你的長處，也就是你能否發揮所長。

所以，與其在短處上努力，勞心勞力地去做自己不擅長的事情，不如發揮所長，去做自己真正喜歡和擅長的事情。

有這樣一個故事：奧古斯特·蒂森年輕時，曾想成為一名文學家。

為了實現自己的文學夢想，他結交了很多文學界的朋友，每天不知疲倦地讀書，然後奮力寫作。但是，3 年過去了，他在文學界還是毫無建樹。

蒂森感到很迷茫，也很痛苦。他的父親勸告他最好還是選一件擅長的事情來做。

於是，蒂森放棄了寫作，選擇了最擅長的經商。

果然，在自己擅長的領域，蒂森如魚得水，很快就闖出了一番天地，生意越做越大，最後成了德國名副其實的「鋼鐵大王」。

後來，在回顧過往經歷時，蒂森說：我之所以成功，不是因為我最努力，而是因為我選擇了只做自己最擅長的事情。

　　人這一生，時間和精力都很有限，你不能用時間來證明你不擅長做某些事，而應該在有限的時間裡做好你真正擅長的事情，創造價值。

　　那麼，如何知道自己擅長些什麼呢？

　　比方說你是做銷售的，你做了 5 年，但業績始終平平，甚至不如剛入職幾個月的新人，那銷售是你擅長的事情嗎？

　　不是的。擅長的事情不是你正在做的或者長期堅持在做的事情，而是你發自內心喜歡的，拿手的，並且能取得成果的事情。

　　管理大師彼得・德魯克說過：「一個人要有所作為，只能靠發揮自己的優勢。」千萬不要小看優勢的力量和你利用優勢掌握的賺錢技能。如果你英語學得不錯，你就可以當英語老師、翻譯，甚至創業。俞敏洪老師就是用英語好的優勢創造了新東方（學校）；丁磊因為熱愛電腦，看書自學，創辦了網易 (網路公司)；馬克・祖克柏中學時期就熱愛程式設計，會寫程式，還曾被誇為神童，後來締造了臉書（社群網站）。

　　很多人找不到那些能讓自己賺錢的優勢點，本質上是沒有認識自我。認識自我之後，我們需要做的就是尋找定位，聚焦長處，放大優勢；改進短處，減小劣勢。

拿我自己舉例。

我出生於三線城市的普通家庭，上的是三流學校的航空服務專業，沒有任何特殊技能和資源。投稿被拒 30 次，一篇文章 50 元都沒人要，文章最多時只有 300 次的閱讀量，在公司實習還差點被勸退。在求職節目《非你莫屬》的舞臺上求職，唯一想給我機會的老闆，還只願意給 4000 元月薪，這在上海連基本的生活都維持不了。

曾經一度連畢業後能不能找到工作都不知道的我，畢業沒多久就依靠寫作生活：有多篇閱讀量超過百萬級的文章，為電影《後來的我們》撰寫海報文案……

年輕人難免眼高手低，對自己的定位與自己的能力不能相匹配。其實年輕人自信是好事，只有自信才可以勇往直前，闖出一片屬於自己的新天地。但要對自己有正確的定位，快速找到自己的優勢所在，不然就會很容易誤入歧途。

認識自我，找尋優勢主要看三點：**你喜歡什麼、你擅長什麼、你在什麼方面花的錢和時間最多。**

這是 21 天逆襲人生的第 17 天，如何認識自我，放大優勢？

↗ 第一，思考你喜歡什麼

　　如果你對一件事情特別喜歡，你會有無窮的潛力來做它。我有一個喜歡搞樂隊的朋友，樂隊是理想，工作是現實。他每天工作加班到 12 點回到家都會唱歌，還會堅持寫曲子，週末也經常出去參加音樂節活動，或者去一個酒吧聽歌，為喜歡的事情做點什麼。

　　後來他發現有些節目或活動需要招募駐唱，於是他主動留下聯繫方式參加了一些活動，漸漸地變成有很多活動主辦方邀請他。他現在已經成了一個頗有名氣的 DJ，一場晚會能賺一兩萬塊錢，一個月能接好幾場。他靠他的優勢賺到了錢，也養活了自己。

↗ 第二，思考你擅長什麼

　　關於內容行業，我的啟蒙來自中學階段。那時候還沒有微信，大家都流行玩 QQ 空間，我寫過一篇文章叫《××中學風雲人物榜》。

　　因為當時看了金庸的小說，我發現裡面的人物都有排行，

於是我模仿著做了一個中學「老大」排行榜，畢竟大家青春年少都喜歡看這些。當時我還留了一手，我的排行裡沒有寫第一名，而是並列了兩個第二名。可恰恰是因為這一點，大家反響很不錯，都在討論到底誰才是第一名。

這個榜單在 QQ 空間非常熱門，好多老師、同學甚至畢業幾年的學長學姐都在看。這是我第一次覺得自己有傳播內容的能力。

我第二次感受到內容的魅力，則是做了學校貼吧的吧主。那幾年貼吧非常火紅，我當時研究了貼吧的政策，思考我需要怎麼發貼文才能快速漲積分，再用足夠的積分申請吧主，如此一來，很快我就成了吧主。後來，我又把自己寫貼文的能力遷移到了公眾號、簡書等平台，開始寫成篇的爆紅文章，享受到公眾號爆發式增長的紅利。

再後來，我進入網路短影片賽道，因為文字是網路短影片的一個重要組成部分，所以我有把握可以把原有的優勢遷移到新賽道裡。事實是，我在騰訊做了短影片後，發現我的優勢確實在慢慢遷移，我在這個行業也擁有了一些成就和地位。我很幸運，在很早的時候就發現了自己擅長什麼，然後永遠在最好的賽道裡，保持增長。

🚀 第三，思考你在什麼方面花時間最多

　　大能是一個專業的製錶師，西瓜視頻獨家創作人，千萬粉絲博主。他從小受到父親的影響，在中學時期就開始接觸手錶工藝，且對其產生了極大的興趣。對於細緻的錶盤，他玩得出神入化。

　　他從小就開始研究這門技藝，不斷花時間打磨和修煉，學有所成後在相關網站上發佈作品、接手錶製作單，靠這項技藝逐步賺錢。在 2020 年 5 月，大能強勢入駐網路短影音平台，一個月漲了幾百萬粉絲，把自己塑造成了一個專業製錶工匠和生活玩家的形象，內容有趣生動，專業地展現了製錶技術，還通過製作很多與製錶相關的有趣有料的內容，被眾多媒體邀請分享自己從製錶工匠發展成網紅博主的成長經歷。

　　大能從小開始花時間、花錢去學習和累積製錶技術，一路精進自己的技藝。基於自己的製錶技術優勢，他從一個製錶工匠發展成千萬粉絲級別的自媒體，不斷給自己帶來名譽和財富。

　　我一直從事自媒體工作，我也是從學生時代就開始嘗試自己寫內容、做帳號的。再往前追溯一點，我發現小時候我就在寫作，雖然不喜歡讀書，但我課餘花時間最多的就是讀各種小說。

我逐漸發現我從很久以前開始，花時間最多的就是寫作。

熱愛一樣東西，冥冥之中，你會不由自主地投入大量時間在裡面。所以，想知道你有什麼優勢，不妨問一問自己：「我在什麼地方花的時間最多？」下面這張表格可以幫你分析你的優勢和現狀，幫你找到自己的目標。

你是誰？ （角色）	你的優勢	你的不足	現階段需要	人生總目標

↗ 第四，發現自己的不足

人無法避免與生俱來的弱點，必須正視，並儘量減少其對自己的影響。譬如，一個獨立性強的人會很難與他人默契合作，一個優柔寡斷的人也難以擔當組織管理者的責任。人性的弱點並不可怕，關鍵要有正確的認識，認真對待，儘量尋找彌補、克服的方法，使自我趨於完善。

這個過程中一定不要害怕跳出舒適圈，因為只有跳出去了，你才能打破認知，再去升級認知。

我一直有個觀念，我在《底層邏輯》一書裡也提到過，當你一直處在舒適圈時，你周圍都是與你同等層次，甚至沒有比你優秀的人，你會產生一種自己最優秀的感覺。你只有不斷打破自己的現有認知，不斷突破，你頭腦中才會有一個對於外界的認知，你才能夠知道自己的不足。

山本耀司說過：「『自己』這個東西是看不見的，撞上一些別的什麼，反彈回來，才會瞭解『自己』。跟很強的東西、可怕的東西、水準很高的東西相碰撞，然後才知道自己是什麼，這才是自我。」

所以，希望大家在清楚知道何為正確的事情後，有勇氣跳出舒適圈。

當然，這裡我要說一句，以上四個問題看似很簡單，但其實並不容易回答。如果你能回答，那麼恭喜你，你對自我的認識已經很好了。但如果你回答不上來，沒關係，接下來我將給你一些具實作性的方法，幫助你去認識自我，找到自我的優勢。

　　第一個方法——認知多維鏡。

　　認知多維鏡是認識自我的一種工具，能讓你通過聽取身邊人對自己的回饋，幫我們瞭解自己的優點、缺點以及性格特徵。

　　上面的表格就是認知多維鏡，我們可以通過向身邊人詢問，知道別人眼中的自己是什麼樣的。

　　建議在輕鬆愉悅，並且只有你們兩個人的時候詢問，告訴對方，你希望他認真真實地回答，以便幫助你瞭解自己。

　　這裡要注意，一定要讓對方說出每一個特徵的「具體事例」，有了具體事例，你自己就能比較客觀地總結大家的評價了。

　　基本上，通過這麼多人的回饋，你就能總結出自己的特質，更加認識自己。

　　第二個方法——記錄自己的心流時刻。

　　大家一定有過這樣的體驗，在做某些事情時全神貫注，投

反饋者	缺點	優點	性格特點	具體事例
	認知多維鏡			
自己				
父母				
伴侶				
朋友				
同事				
下屬				
客戶				
其他				

自我總結，我可能是一個什麼樣的人？

入忘我，甚至感受不到時間的流逝，事情完成後會有一種充滿能量且非常滿足的感受。

就像有些人在看懸疑小說時會非常沉浸，有些人在烘焙時感受不到時間的流逝，有些人則一看到機械的東西就非常開心……

每個人對心流的感受也是不一樣的，建議大家可以去瞭解一下心流。

如果你之前沒有留心過，那麼你可以從現在開始記錄，記錄你做什麼時會獲得心流，持續記錄，一個月、兩個月、三個月後，你一定會發現這些心流時刻具有內在規律，把它們總結出來。

第三個方法——寫光榮時刻日記。

這一點可以說是集合了所有上面幾點的特點於一體。下面這張表，第一列是具體描述你的光榮時刻。所謂光榮時刻，就是指人生中所有讓你感到極大的滿足和有成就感的事情。

第四個方法——找標竿。

如果通過以上幾點，你發現你的優勢並不明顯，或者說你自己喜歡的樣子和別人描述的出入太大，那就用發展的眼光看自己，讓自己成為「自己喜歡」的那個樣子。

光榮時刻日記			
光榮時刻 （STAR法則描述）	是否獲得 心流？	體現了我的 哪些興趣？	展現了我的 哪些能力？
光榮時刻1： S情景： T任務： A行動： R結果：			
光榮時刻2： S情景： T任務： A行動： R結果：			

　　從你身邊或者你比較瞭解的人中，找到一個或者一類人，其狀態是你特別嚮往的，讓自己努力成為這樣的人。

　　記住，這並不是叫你不喜歡自己，而是讓你在接受自己目前不夠好的情況下，找到一個標竿，努力變得更好。

DAY. 17

【自我認識計畫】執行清單

如何認識自我，找到優勢？	方法	寫下你對這幾個問題的思考？／運用如下工具
自我審視	第一，思考你喜歡什麼。	
	第二，思考你擅長什麼。	
	第三，思考你在什麼方面花時間最多。	
	第四，發現自己的不足。	

如何認識自我，找到優勢？	方法	寫下你對這幾個問題的思考？／運用如下工具
借用工具	第一個方法──認知多維鏡。	
	第二個方法──記錄自己的心流時刻。	
	第三個方法──寫光榮時刻日記。	
	第四個方法──找標竿。	

底 層 邏 輯　*18*

碎片化學習，提高學習效率

經常會有朋友問我一個問題：「**你每天事那麼多，怎麼還有時間學習這麼多新東西？**」

我的答案是：碎片化學習。

當然，碎片化學習不適用所有學習和所有人，我自己的方法也是將碎片化學習和深度學習結合。只是我的時間很寶貴，我更懂得高 CP 值地學習吸收，更懂得怎麼從碎片化的知識中看到系統的全貌。

我自己是一個非常善於利用碎片時間學習的人，並且因此獲得了非常大的好處。我出了十幾本書，都是利用碎片時間學習的結果。

所謂「碎片化學習」，有兩層基本含義：**一層是碎片化的時間，另一層是碎片化的學習內容。**

時間的碎片化指的是，現代人的時間被各種事情切分，特別是各種社交軟體打破了時間的限制，可以更快速地直接侵佔你的生活，每個人的生活都可以被隨時打擾。

對大多數職場人而言，能有一個 3 小時以上的整段時間都是一種奢望，所以需要「見縫插針」地學習。

學習內容的碎片化指的是，內容形式變成圖文、短影片，由此承載的內容形式肯定也是「短」的，演算法機制讓這種「碎

片化」的資訊遍地都是。

現代社會，碎片化已經是一個既成事實，無論你願不願意，都必須適應這種現狀。運用得好，碎片化學習將會給你帶來很大的益處。

這是 21 天逆襲人生的第 18 天，我們如何碎片化學習？

📈 根據使用場景學習碎片化的內容

這是一種比較功利的方式，一般為解決某一個問題，針對性地去學習。比如有一次我在分享的時候，缺一個非常重要的例子去證明我的觀點，然後我就針對這個點，開始地毯式搜索，結果讓我搜到了劉墉的例子。

劉墉是一個非常有名的臺灣作家，很多人不知道他其實也是個畫家。

有一次，他擔任中學生端午繪畫比賽的評審。當時孩子們畫了很多龍舟。過了一段時間後，他進行批改，非常失望，直到他看到一個龍舟，那個龍舟跟其他從側面畫的龍舟完全不一樣，是直接從正面畫的。他覺得這個孩子的畫作就是當之無愧

的第一名。

為什麼呢？因為色彩、構圖這些東西都可以學，但是這個從龍舟正面入手的創作角度不好學。

這個例子就被我很好地用到了對教育的闡述上。同時也因為我找到了合適的場景去解釋這個例子，讓我的碎片化學習得到了更深刻的理解。

很多人抨擊碎片化學習，第一是因為知識的碎片化導致理解不到位；第二是因為碎片化的內容往往看過就忘了，知識完全吸收不了。

解決這兩點的核心，在於你有沒有去運用這個知識，且最好是在公開場合運用該知識。比如把學到的故事放入一個自己的運用場景裡，把它講了出來，講給很多人聽，這個內容和這個知識就已經變成你的了。

但其實，只要你自己知道你此時的學習方式是有利有弊的，你是希望以效率為主，我覺得就沒有必要抨擊。因為學習本質上還是自己的事情，不同情景用不同的學習模式才是高效能的做法。

⤴ 利用碎片時間，極力吸收學習

據國外媒體調查，比爾·蓋茲將自己的排程細緻到幾分鐘的程度。他的時間被切割為一個一個的 5 分鐘。而且當比爾·蓋茲會見客人時，他會隨時拿起一本書閱讀。

真正瞭解時間管理的人，都懂得合理利用零碎時間。學會在閒置時間裡做些自己喜歡且有意義的事，在得到休息的同時，為生活創造新的價值，日積月累，從而改變自己的人生。

在我的觀念裡，零碎時間，是不可忽視，更不可讓其白白流失的。

比如利用上下班的通勤時間，在地鐵上看書或者報紙等。但我個人還是比較推薦通勤時「聽知識」，不費眼睛。

比如聽新聞解說、書籍、podcast 等，但一定要思維高度集中，時刻在大腦中裝滿問題和相關資訊，並對此進行思考，這樣的碎片化學習才是有效的。

比起一味刷手機，這種利用碎片時間學習的效率是非常高的。想像一下，在擁擠的地鐵裡，大家刷著手機，無聊地浪費著時間，而你還在深度思考中，一方面通勤的無聊沒有了，另一方面你還處於進步中。

　　有一個時間管理方法叫「瑞士乳酪法」，指的是把大塊時間拆解成小塊時間，利用零散的時間完成任務。

　　這個方法告訴我們，不要小瞧每一分鐘，任何一段時間都能為你完成目標起到重要作用。

　　這個方法能改善拖延，核心原因就是你不必一直等待有大塊時間才行動。充分利用碎片時間，也能讓你完成任務。意義就在於，任何微小的時間都有價值。

　　當然，碎片化學習是有價值的，但為了保證學習效果，我希望你瞭解以下三個學習步驟。

📈 第一步，定一個學習目標

　　這個目標定為 3 個月的也行，1 年的也行，不要去擔心這個目標萬一不是自己想要的怎麼辦。因為定這個目標最大的價值不在目標本身，而在於你要以這個目標為導向，實現知識和能力的融會貫通。

　　沒有目標，你就會永遠停留在淺層學習上。每天刷著維基百科，聽著看著得到知識，看似好像什麼都懂，實則什麼都不會！

比如這 1 個月的碎片化學習，我要充分知道怎麼寫好一篇文章，這裡面就包括標題、開頭、主體、結尾的寫法，素材的運用，金句的提煉。

再比如，這 1 個月的碎片化學習，我要背完一本單字書，我就會每次有個 10 分鐘的時間打開單字軟體背單字，做核酸排隊時也可以背。1 個月下來，看似我沒有花時間，但一本單字書，我都背完了。

↗ 第二步，建立知識框架

從目標達成出發，建立一個學習框架，每次學到的知識即使是碎片的，你也知道這個知識是對應哪一塊的。

比如你知道你一直在學習各種文案寫作知識，聽到標題怎麼寫，你就會自動連結之前看到的文章，自動去思考這一塊的內容，總結提煉。

無論學習時間多麼短，學習的內容怎麼碎片，你都可以根據目標需要，將碎片化輸入的內容，系統地填充在知識體系的相應位置。

🏹 第三步，碎片化輸入，系統化輸出

沒有輸出的輸入，是一文不值的。

保證碎片化學習的有效，一定要在輸入時，有個立刻輸出的回饋。

可以自己問自己問題，利用「費曼學習法」複述出來。等到階段性目標完成後，再去總結提煉。

亞里斯多德曾指出過，飛行的箭矢在每一個瞬間都處於靜止的狀態，不論把多少支靜止的箭矢集中起來，都不可能得到飛行的箭矢。

可我認為，如果你對一件事有恆久的興趣，那麼不論你是利用整塊的時間還是碎片時間去學習它，都不會太糟糕；反之如果你對一件事不是很感興趣，那麼利用碎片時間就會顯得沒什麼意義，只是徒勞。

如果你無法長時間專注，這個方法也適用。因為每次只要 10 ~ 15 分鐘高度集中注意力就可以了。如果你不喜歡被控制，討厭去做別人安排的事情，也可以試試這個方法，因為在每一個你自己安排和設定的 10 分鐘的任務裡，時間都是由你自己掌控的。每完成一次你都會獲得滿足和成就感，繼而向下一個小目標邁進。

【碎片化學習計畫】執行清單

如何碎片化學習？ （一個月的時間週期）	具體內容
第一步，明確你這一個月碎片化學習目標。	注意：儘量避免需要持續投入時間的深度學習和工作目標，選擇適合碎片化學習的任務。 如：背單詞、做計畫、聽課、聽書、聽 podcast、整理內容等。 在這裡寫下你的目標：

如何碎片化學習？ （一個月的時間週期）	具體內容
第二步，建立知識框架。	思考：這個學習目標可以拆分成哪些部分，這些部分怎麼安排成碎片化學習？
第三步，碎片化輸入，系統化輸出。	嘗試訓練：學到一個概念後，立刻用自己的理解去輸出這個概念，同時讓這個概念成為自己的思想。

底層邏輯 *19*

選準賽道，獲得核心競爭力

在非洲的一個草原，每天早晨，斑馬一睜開眼，想到的第一件事就是：我必須跑得更快，否則，我就會被豹子吃掉。而同一時刻，豹子從睡夢中醒來，首先閃現在腦海裡的是：我必須跑得更快一些，追上更多斑馬，要不然我就會餓死。

於是，幾乎同一時刻，斑馬與豹子一躍而起，迎著朝陽競跑。

生活顯然不需要你像斑馬與豹子般與他人弱肉強食，但競爭是不可避免的。你看江河湖海，到處都是千帆競渡；你看城市鄉村，處處都是行色匆匆的芸芸眾生。生活是公平的，在人生的每一個驛站，每一個瞬間，我們若消極懈怠，不思進取，必將被時代拋得老遠，或是淘汰出局。

因此，無論你是斑馬還是豹子，每當太陽從東方升起的時候，就應該毫不猶豫地向前奔跑。

這是 21 天逆襲人生的第 19 天，我們如何才能贏得競爭？

➚ 首先，選對行業

我曾經看過一句話：工作能力可能是這個世界上最不值錢

的東西。看到這句話的當時，我非常不理解。

但後來我越來越多地聽很多人說過類似這樣的話。他們說自己工作能力很強的時候，最有創造力的時候，卻是工資最低、最賺不到錢的時候。而趕上一個好的時機，通過行業紅利，或者跳槽，卻賺到了錢。

這就像爬樓梯，如果你想上 6 樓，你的工作能力可以讓你上 6 樓，那麼問題就不大，還能每天鍛煉身體。但如果你想上 60 樓，你還能爬樓梯嗎？你的體力再好，也沒坐電梯快。尤其是當你生病的時候，你還能爬樓梯嗎？你還能上 60 樓嗎？

當時我並沒有真正理解這句話，心想：工作能力真的這麼不值錢嗎？「電梯」的作用有那麼大嗎？

後來我讀 MBA（工商管理碩士）的時候，有一個商界「大佬」來講課，現場有同學問他：「一個人獲得成功，其自身的努力起了多大的作用？」

「大佬」頓了頓，說：「10%。」

「10%」，同學們交頭接耳，大家都沒想到努力占的比例會這麼低……

「不，可能要再改一下。」現場忽然變得很安靜。

「其實只有 5%，剛才說的 10% 還包含 5% 的運氣，所以只

有 5%。」他略加思索，補充了自己的答案。

他繼續解釋，在成功所需的因素裡，努力的占比太小了。一個人要獲得成功，最重要的是把握住時代的機會。在時代面前，個人太渺小了，只有選對行業，踩對紅利區，個人的能力才能被無限放大。

就像小米科技創始人雷軍說的，**聰明的人、勤奮的人，這個世界上太多了，這些只是成功的前置條件，為什麼只有少數人可以成功，核心是「順勢而為」**。行業趨勢，比什麼都重要。

2014 年，我開始營運微信公眾號。搭上這部「電梯」，純粹是因為「運氣好」。我當時也不知道「選擇新興行業」、「抓住時代機遇」之類的大道理，完全是在無意中進入這個領域的。後來，我也換過幾家公司，但工作的大方向沒變，行業沒變，所以算是一直搭著「電梯」往上走的。2014 年，新媒體行業剛剛興起，行業的整體增速非常快，所以我得到發展更多是得益於整個行業的發展。

試想一下，在一個已經發展得比較成熟、完善的行業中，個人要發展，就要在已經形成的「行業等級」下緩慢爬升，哪怕你再優秀，別人 80 歲達到的高度，你以 1.5 倍的速度爬升，也要在 50 多歲才能達到。這時你都年過半百了，還拿什麼和更

年輕、更有幹勁的人拼？

反之，在一個新興行業，如果你先人一步進入其中，那你就比其他人更瞭解這個行業，因為這個行業還沒有專家，你進入得越早，越有成為專家的可能性。

選擇對的行業、新的行業，無異於是勇立潮頭。

↗ 其次，擁有敏銳的嗅覺

2014 年，我在公眾號上創作文章，最火紅的文章也就幾百萬閱讀量。當時公司的案例已經到 2 億的播放量，這個案例就是網路短影片。

這也是我很早就開始投身於網路短影片行業的原因。

我常常和我的「投資朋友」交流他們最近投資了哪些公司。就算沒有這方面的朋友，那投資類的媒體、市場企業、大環境，你總能瞭解吧？

敏銳的嗅覺在於，你能在第一時間發現「錢」去了什麼地方，當所有的「錢」密集投向某個行業的時候，這個行業的時代就來了。敏銳的嗅覺為競爭提供了重要的支援。

有個理論叫：一，三，五，七，十。

一個行業第一年進入市場，不要選它，因為它可能會死；第三年的時候，是最適合進入的；第五年的時候，是行業的巔峰。所以說一個行業的前五年，壁壘還沒有那麼多，是值得進入的。到第七年，行業會開始衰落。第十年，行業就發展正常了。

拿社交平台的美妝博主來說，現在 2022 年，很少有人再去嘗試美妝領域了。因為比你漂亮、比你富有、比你有才華的人已經在這個賽道裡站穩了。對嗅覺不太敏銳的人來說，其實一個行業的前五年都是值得去深挖價值的，因為它的壁壘還不多。

從我個人的行業嗅覺來看，如果一個行業已經存在了十年，那麼就不值得進入了，因為十年足以讓一個小白成為牛人、精英、大佬。

行業趨勢的存在是很短暫的，所以，與趨勢一起時常被提到的一個詞是紅利。如何找到屬於自己的行業趨勢，分到紅利呢？在此與大家分享兩個方法。

第一，「連結」別人。

觀察自己的朋友圈，看看有沒有享受過趨勢紅利的人。然後，找他們聊天，瞭解他們是如何找到並把握住趨勢的。這時

候很多人會問：我的朋友圈中沒有這樣的人，怎麼辦？很簡單，去結交。現在有個 APP 叫「在行」，裡面有很多享受過行業紅利的專家，你可以付費約見他們。這種方式最直接。很多時候，只是一次短暫的約見，你就可以節約很多無意義的摸索時間。

第二，關注四個方面的變化。

其實，大部分行業趨勢的出現都離不開環境、技術、政策、經濟這四個方面的變化。疫情導致的環境變化帶來了「口罩經濟」，新能源技術的突破推動了電動汽車的發展，政策變化正在指向 5G 基礎建設，資本孵化了大批國貨品牌。

你平時可以多看看時政新聞節目，以及行業報告，多留意這四個方面的變化。

如果你錯過了趨勢，也不要難過，因為下一個趨勢已經在來的路上了。我相信能夠分到趨勢紅利，並長久發展的人，一定是那些看清趨勢，且為之努力的人。

人在工作期間會經歷好幾個行業的週期更迭，加入新興的行業才能發現趨勢。因此，選擇比努力更重要，正確的選擇不能降低你的努力程度，但至少能讓你吃到「正確前進」的定心丸。

　　正如奧地利作家茨威格說的：「所有命運贈送的禮物，早已在暗中標好了價格。」

　　我們向命運繳納的所有努力與汗水，全都是入場券，後面藏著的，將是自己從未想像過的回報。

【競爭計畫】執行清單

競爭力 培養計畫	具體方法
選對行業	拿出一張紙，畫 3 個相交的圓圈，在 3 個圓圈中分別寫上以下 3 個問題，同時將這 3 個問題的答案寫在圓圈內（結合第 17 天認識自我那一章的方法）。 1. 我擅長做的是什麼？ 2. 我喜歡做的是什麼？ 3. 市場上有前景的職業是什麼？（借助行業報告、諮詢業內人士等） 回答完這 3 個問題後，梳理出 3 個圓圈相交的部分，找到個人優勢和市場需求的交集。

競爭力 培養計畫	具體方法
擁有敏銳的 嗅覺	第一步，梳理你朋友圈的「行業專家」，主動去跟他們溝通各行各業的資訊。 第二步，增強自己的「搜商」（指搜尋知識的能力），梳理管道，通過網路去找這些「巨人」，比如得到、喜馬拉雅、混沌大學、看理想、豆瓣、B站、公眾號等，帶著問題去這些管道找答案。 第三步，海量閱讀，這裡的閱讀不只是讀書，而是搭建體系，有針對性地閱讀相關資訊，比如虎嗅、鈦媒體、介面新聞、投資界、創業邦等。

底層邏輯 *20*

高效檢討，告別過去的自己

我曾聽過一段關於馬斯克的採訪，主持人問馬斯克：「你覺得最有挑戰的事情是什麼？」馬斯克思考了很久才回答：「及時糾正錯誤，並且回饋循環。」

我深以為然。

很多人會問我：如何年紀輕輕就獲得如此不錯的成績？一個非常重要的能力，就是檢討。

人們常說，成功是思維認知差導致的，那麼多思維方式，如果要我從中選出最底層的、最重要的，我會選「成長型思維」。

卡羅爾·德韋克在《終身成長》中定義過「成長型思維」：

你的能力永遠不是靜止的，而是不斷成長的；

失敗並不是否定你的能力，而是告訴你「你可以做得更好」；

無論面對多麼困難的挑戰，只要抱著「我可以從中學到什麼」的心態，都可以令你鼓起勇氣。

…………

那些成功的人，無一例外都是擁有成長型思維的人，而這種思維的形成，核心就是懂得「檢討」。

檢討可以極大地幫助我們從現象中找本質，發現其核心的方法論，從而實現知識遷移。所以檢討很重要，是我們必須掌握的一項底層思維。

曾國藩便是一個十分善於檢討的人。

曾國藩有一個習慣，每做一件事，不管成還是不成，都會進行檢討。他志向遠大，但認為自己資質不好，只能通過不斷檢討反思來不斷改進。

他最後做到「立德立功立言」，但在這功績背後，充斥著他對自己人生的檢討，翻開他的家書，可以看到大量他對自己遭遇的檢討與心得。

我經常會用檢討的方式，把一些人生的「早知道」時刻記錄下來：

早知道今天上班會遲到，我就不睡懶覺了。

早知道會被領導說一頓，我就不偷懶了。

早知道機器會出現問題，我就認真提前檢查了。

…………

一旦有「早知道」的想法，我就會想，上一次是不可彌補的，只能思考下一次怎麼能避免犯錯。所以，我會立刻把這個事情寫下來，放在顯眼的位置，讓我不會第二次在這個事情中犯錯。

然後，我會每天思考我一天做了什麼事情，什麼是做得好的，什麼是做得不好需要改善的，做一個總結反思，並思考下次如何把做得不好的事情做好。我會記錄之前犯過的錯誤，避

免再次犯錯。

　　我自己的親身經歷告訴我，如果你想快速成長，想獲得一個不一樣的人生，一定要學會對自己的經歷檢討，學會借鑒他人的檢討。

　　這是 21 天逆襲人生的第 20 天，我們來學習如何檢討，獲得 10 倍速成長。

↗ 為什麼要檢討？

　　你知道為什麼你會在一個地方重複犯錯嗎？你知道為什麼別人已經甩開你很久了，而你還在原地踏步嗎？核心原因在於你不懂檢討。

　　我遇到過很多學生，學習很刻苦，但學習的結果卻不盡如人意，看似學了很多，可是雜亂無章，不知取捨。也有些職場人士，感覺工作很忙碌，甚至經常加班，但能力沒什麼長進，薪資和職位也在原地踏步，很重要的原因還是不懂檢討。

　　什麼是檢討？

反思過去的錯誤，思考怎樣才能不犯過去曾犯過的錯誤的過程，就是檢討。如果不檢討，人生就沒有什麼意義，檢討可以幫助你找到失敗的核心原因。

為什麼要檢討？

第一，你比你想像中的要遺忘得快。

根據艾賓浩斯的遺忘曲線理論，我們學到的知識在學習約20分鐘後就會被遺忘40%以上，一個小時後會被遺忘50%以上，差不多一天以後會被遺忘70%以上。看似本周才進行的項目，你可能早就忘光了，不檢討就等於白實踐了。

因此，檢討可以讓自己回顧之前所經歷的點滴，及時分析自己的優缺點，強化優點，改掉缺點。這是最快的成長方式。

第二，檢討可以幫助我們節省和高效利用資源。

在檢討中，通過對事情的詳細回顧，你除了可以從中分析自己哪些地方做得好，哪些地方做得不好，做得好的地方還能不能做得更好，做得不好的地方該怎麼改進之外，還可以分析做這件事用了多少時間，有多少人幫助過自己，等等。

通過這樣的分析，你以後就會知道怎樣找到對的方法和對

的人，幫助自己提高辦事效率。經驗不是做過就會有，而是萃取沉澱後才會有。

第三，檢討可以幫助我們少走彎路。

檢討的過程，有對目標和結果的回顧，也有對過程的剖析。你要學會時刻提醒自己方向是否正確，如果不正確就及時做出調整。

比如我的社交平台團隊就會階段性檢討資料，及時指出當下存在的問題，做出調整，以免陷入更大的困境中。有一次我們的影片播放量成長遇到瓶頸，當大家本能地覺得是選題問題時，我們通過檢討資料，嘗試用 AB test* 測試，把我們覺得有問題但內容確實不錯的影片修改關鍵字推送，結果播放量一下就起來了。通過這樣的檢討，我們消除了大腦的「本能以為」，找到問題的真正核心，從而找到解決方法。

第四，檢討可以讓我們明確目標。

人們常常做著事情就把「過程」當作「目標」，比如「背單字」是過程，「背好單字」才是目標。這就是用戰術上的勤奮掩蓋戰略上的懶惰，經常把過程當作目標，永遠也實現不了目標。

---

* 編注　AB test 是測試用戶對產品元素會如何反應的工具。

該正視的事情，一點都不能懈怠。通過檢討，我們可以不斷將結果與目標對照，提醒自己目標是什麼。明確目標之後，我們才能更好地達成目標。

↗ 檢討原則

在各種暢銷書、知識付費內容、文章的普及下，越來越多人知道檢討的重要性，但很可惜，也只停留在這個層面上了。大部分人的狀態是，「我明天要檢討，要經驗沉澱，然後什麼也不去做」。

我們要做的第一件事：記下每週最重要的 6 件事情，包括 3 件做得最好的事情，以及 3 件做得不好的事情。

一周工作時間 5 天，非工作時間 2 天，7 天的時間，如果你還找不到 3 件你覺得做好的事情，你就要想一想你自己最近這段時間是不是浪費時間、浪費生命了。

比如我前段時間發現自己有一個很不好的習慣，即在等紅燈或堵車等待時看手機。那一次，後面的車一按喇叭，我就習慣性地把車開走了，一周闖了兩次紅燈。我是記錄下來後才發

現這個壞習慣的，從那以後我開車就再也沒看過手機了。

檢討 6 件事，好的、壞的都能幫你認清你自己，並且讓你從過去的經歷中獲得力量。

蘇格拉底說過一句話，認識你自己。認清你的優勢、劣勢，首先你需要把它寫下來。

第二件事：寫下來以後，對齊目標。我做的 3 件特別好的事情跟我的目標是不是保持一致。

每週檢討表	
具體內容	
檢討內容	1. 是否跟目標一致？ 2. 是否可以將經驗沉澱形成方法論？ 3. 從這件事可以遷移的部分是？

假如我今年的目標是賺到 100 萬，我發現我本周做得特別好的 3 件事情是把家裡擦得特別乾淨、跟朋友出去玩、看了一本好書……

雖然這 3 件事都挺好，但顯然跟賺 100 萬沒什麼關係，以這個目標為基準，你這一周就已經「偏航」了。如果沒有這個記錄，你可能還覺得你這一周過得很好。當你檢討完後，你就會知道你得儘快地回到主航道裡，只有這樣你才能更快更早地到達你的目的地。

第三件事：深度檢討，形成方法論。

我發現深度檢討，可以快速形成方法論，這個方法論會讓我走得更快。

因為做社交平台，我必須快速帶領團隊做出成績。在從 0 到 1 的過程中，我每天都在快速檢討資料，通過檢討我也養成了深度思考的習慣。

在不斷檢討的過程中，我總結了做社交平台的底層邏輯，進而形成了自己的一套方法論，快速出了一本《爆款社交平台》，而它已經成為這個領域的一本暢銷書。

通過檢討，我們能快速發現做成一件事情的緣由是什麼。我們做一件事的原因也許有很多，而檢討能讓我們把經驗變成

標準程式，減少很多不必要的試錯成本。

➚ 檢討方法

做新媒體行業 8 年，我遇到過工作學習都很刻苦的人，但他們取得的結果卻不盡如人意，看似做了很多，卻只是在瞎折騰。

《刻意練習》的作者認為，一個人有可能在一個領域浸潤數年而沒有多大提升，因為他只是在進行天真的練習。

什麼是「天真的練習」？就是漫無目的地、機械地練習，很少看到練習中的問題，也就很少進行改進，因此，日積月累反而成了低水準的重複。

想超越低水準的重複，就要自己去檢討。

具體該如何檢討？分為以下四步：

1. 回顧和記錄；

2. 分析總結你這一整天所發生的事情；

3. 盡可能對自己多提幾個問題並想解決方案；

4. 將你的檢討結果分享給你身邊與你同頻率的好友。

第一，檢討的第一步是回顧和記錄。

回顧和記錄你遇到的人或事，以及其對現在及未來可能有用的資訊。

在記錄上，最重要的是要做到當下記錄，用一個文字檔簡要描述當下發生的事情，並把記錄當作一個索引，每天入睡前根據自己記錄的事情，對你一整天所遇到的事情進行檢討。

為什麼我建議你當下就記錄事情呢？因為你千萬不要高估自己的記憶力，隨著時間的流逝，你遺忘的速度也會加快。當下記錄是為了給事後檢討時提供索引，讓我們在事後較快回憶起當時發生了什麼，及時檢討。

我們要記錄的維度大體可以分為學習、工作情況，人際交往，財富增長三大部分，每個部分的側重點不一樣。

下面，我將以我的團隊成員一村的檢討日記來講解這三大部分分別可以檢討什麼內容。

針對學習、工作情況，記錄你今天在學校或職場學習、工作過程中遇到的事情以及其帶給你的思考。

你可以記錄你今天遇到的開心的事情、困難的事情或是一個值得學習的地方，簡要描述當時的場景，並記錄下來。或者記錄你在讀書或工作中學到了什麼知識，輸出讀書心得或工作

筆記，也可以記錄你今天在生活和工作中產生的感悟。

[一村檢討日記 —— 學習、工作情況]

1.關於會議中系統地、有條理地記錄會議重點的能力。

今天，我們團隊和客戶開了一個會議，同事一邊和客戶溝通一邊打開線上文字檔記錄紀要，會議要求在會議結束的同時要出具一份會議重點報告。

我印象最深的點是會議重點要求現場速記，並且出具的報告還要是成系統的。這項工作要求腦子要轉得特別快，同時要有抓重點的能力。

2.《了不起的我》的讀書筆記。

改變的本質是創造新經驗。

針對人際交往，你可以記錄你認識了誰，他是做什麼的，怎麼成功的，他做對了什麼，你從他的身上能學到什麼。也可以記錄一些交流的精華和自己的感悟，將之應用到自己的生活中。抑或是記錄你在和別人相處的過程中，有什麼交往的方式和感受是舒服的或糟糕的。

這些都可以記錄下來，甚至在談戀愛過程中你學會了怎麼和另一半相處都可以記錄下來並思考。

〔一村檢討日記 —— 人際交往〕

1. 雙向付出是最舒服的交往方式。今天和朋友聊天，講到了雙向價值的概念。交往和人脈，講究雙向價值，就像戀愛中，講究雙向付出。

2. 一個姐姐分享的「思考—實踐—檢討」的系統思考檢討方法：在做一些事的時候，不能將它們完全割裂開，做的事情之間都是有聯繫的。

有深度的內容來源於「思考—實踐—檢討」，這幾環都打通才能形成深度內容。

只有思考，就只是方法論。

沒有計劃的實踐，是盲目。

沒有實踐，檢討是空洞的。

聽了這個姐姐的分享，很受用。

針對財富增長，你可以記錄自己身上發生了什麼事情，增長了多少財富。這部分不是讓我們只記錄財富增長的數字，而是記錄你為現在做了哪些促進財富增長的事情，以及未來準備做什麼來促進財富增長。

比如在增加收入方面，你通過現有的專業能力已經賺了多少錢？你為了成為某方面的專家做了哪些可以增值的事情？你

研究了哪些可以賺錢的商業模式？

在降低支出方面，你可以記錄當天具體支出了多少錢，什麼支出是可以避免和減少的。在投資理財方面，你可以記錄你投資所得的收益，以及學到了哪些投資理財的方式及技巧。在對抗風險方面，你可以記錄在對抗風險中，花費了多少錢，如何有效規避下一次的風險。

〔一村檢討日記——**財富增長**〕

1. 對兩支已購的優秀基金開啟定期定額，頻率是每週定期定額，方式是開啟了智慧定期定額功能，高於市場值就少投，低於市場值就多投。

2. 今天晚上在回家的路上，因為比較晚，覺得很累，想犒勞一下自己，出了地鐵看到街邊有個奶茶店，由於欲望驅使，便點了一杯奶茶。我明知道晚上喝奶茶對身體不好，但是還是想犒勞一下自己，我想生活已經這麼累了，就不能有一點甜嘛？等回到家了，果不其然，沒有喝完，還有半杯，也不捨得扔，我想過夜也不能喝了，就邊刷手機，邊喝了一下子，在那裡報復性地浪費時間。

然後現在肚子還挺脹的，不是很舒服，感覺時間也浪費了，要到睡覺的時間了。

第二，分析總結你這一整天所發生的事情。

你可以記錄你做得好的地方，如何做得更好；做得不好的地方，如何改正；在其中我學到了什麼，總結了什麼方法論。比如一村同學記錄了會議中同事有系統地速記會議重點的能力，並在此基礎上對同事的做法進行分析總結，提煉方法。

〔一村的檢討日記 —— 分析總結〕

針對學習情況：

1. 我在記錄方面做得不好，如果要開始學習，應該掌握以下技巧：邊聽內容邊記錄要點。把握主要框架，重點聽，如這次會議是介紹情況，解答疑惑，那就可以分成：問題描述（核心痛點和需求）、方向建議、行動方案。

在此基礎上，邊聽邊往框架裡記錄，前面 5 ～ 10 分鐘會比較難，後續就會順手一些。這一點最重要的就是一定要邊聽邊把內容有意識地放入對應框架中，然後加工整理成完整的語言表述。最後就是多練抓重點的能力，熟能生巧。

2. 關於改變，改變的本質，其實就是創造新經驗，用新經驗代替舊經驗。明確了這個定義，接下來在生活中，我會逐步創造新的經驗去代替舊經驗，從而讓自己產生改變。

針對人際交往：

1. 你只有通過某個方式去學習，達成成就，或者是通過現有能力提供價值，金錢價值也好，能力價值也好，和大佬的交流才會顯得舒服得當，且一來一回，互相提供價值，否則只會給別人造成負擔，交流不愉快。

2. 只有思考，就只是方法論。沒有計劃的實踐，是盲目的。沒有實踐，檢討是空洞的。

針對財富增長：

1. 通過學習財商知識，提高了財商方面的認知：定期定額可以降低風險。

2. 生活中要克制欲望，減少不必要的支出。同時可以在工作中再提高效率，別用力過猛，勞逸結合。

第三，盡可能向自己多提幾個問題，並想解決方案。

知乎的標語特別好，「有問題就會有答案」，有問題與有答案都很重要，通過對自己發問，一層一層剖析，給自己提供解決方案。

[一村檢討日記 —— 總結提出解決方案]

針對學習情況：

問題：要向同事學習會議速記的方法，怎麼做才能在會議中迅速搭建內容框架？如何在會議中把握重點內容？

關於改變，我該如何創造新的經驗？

解決方案：在速記中，迅速搭建內容框架，很考驗一個人抓重點的能力，根據提煉出的方法，再找一些可以提高抓重點能力的方法，如採用豐田五問法，連續問 5 個為什麼。

學習溝通技巧，掌握溝通的節奏，提高在會議交流中抓重點記憶的能力，通過這種方式多去參加會議，並嘗試去系統記錄會議重點，累積實踐經驗，同時及時檢討看看自己是否已經掌握這個能力。

關於改變，首先，強迫自己養成習慣，比如每天早上留出 5 分鐘時間讀書，從簡單開始，然後再增加時間。其次，可以在每週二、四、六加入一個新的計畫，其他時間正常安排。用每週二、四、六的時間創造新的經驗。

針對人際交往：

問題：提升價值後，如何和大佬交流？在互相提供價值的基礎上，怎麼交流才會讓對方更舒服？「思考—實踐—檢討」

模型可以應用到什麼地方？

解決方案：想在社交中獲得雙向價值，逐步提升自己的價值很有必要。要提升自己的專業能力，與和自己價值水準相當或稍高的人交流。

「思考—實踐—檢討」是一個封閉循環的流程，接下來很多事情都可以套用這個步驟去做。比如建立知識體系。

針對財富增長：

問題：還有哪些投資理財方法是可以提高收入，規避風險的？該如何停利獲利呢？如何克制欲望？

解決方案：需要深入學習投資理財的知識，並輸出投資理財筆記，匯集這些知識，形成系統的方法論，指導之後的投資。

可以利用「五三二」停利法，在基金收益達到心理預期後，先一次性賣出 50%，落袋為安；如果市場繼續上漲，達到一個更高的停利線，再賣出 30%；剩下的 20% 可以繼續觀察，選擇適當的時機賣出。

用目標去克制欲望，當達成某個目標後給自己獎勵，來克制現有的欲望。

以上，就是一個較為完整的檢討框架，通過記錄發生的事

（場景重現）、分析總結（提煉方法）、對自己多提幾個問題、想解決方案、系統地進行檢討。

這個框架的底層思維參考了 PDCA 循環：計畫－執行－檢查－處理。

PDCA 循環是一種品質管制工具，通過四個環節，不斷對成功的經驗進行總結，累積失敗的教訓，為下一次計畫和執行做好鋪墊。

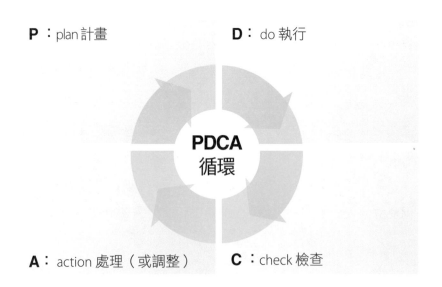

P：plan 計畫　　　　**D**：do 執行

PDCA 循環

A：action 處理（或調整）　　**C**：check 檢查

其中，在記錄的基礎上，檢討更注重後期的檢查和調整過程。通過檢查，也就是對我們發生的事情進行分析總結，發現問題後，及時對自己提出問題，然後想出解決方案，進行調整，反哺計畫，最後再發現問題，總結調整，形成一個不斷能產生正回饋的循環。

第四，將你的檢討結果分享給你身邊與你同頻的好友。

當你做完當天的檢討時，你可以將結果分享給與你相同狀況的好友，這樣你可以得到很多正回饋，也可以和他們產生更多更深度的交流。

同時你也可以把自己在檢討中學到的知識複述給他人。教是最好的學，情景再現是最好的鞏固，這樣不僅利他，可以獲得好友的感激，也可以讓你對掌握的知識有更深入的瞭解，對存在的問題有更加深刻的認識並及時改正。

按照上面的四步，開始行動起來吧，從過去獲得力量，著眼於未來。從檢討中翻盤，告別「早知道」。

這裡再給大家介紹一種我覺得很好的檢討方式 —— KPT 檢討法。

KPT 檢討法是一個重要的工具，有三個操作步驟，分別是 Keep（保持）—Problem（問題）—Try（嘗試）。但在檢討中，你要增加 Record（記錄）環節。

它的用法就是，在檢討的時候，問自己四個問題：

Record：做了哪些事？想法是什麼？可以根據自己定的目標去寫。

Keep：哪些行為是可以保持的？

Problem：在過程中遇到了哪些問題？

Try：我可以嘗試去做些什麼？

Record	Keep	Problem	Try
做哪些事？沒做哪些事？想法是什麼？	哪些行為是可以保持的？（是否與目標一致）	在過程中遇到了哪些問題？	我可以嘗試去做些什麼？（形成具體行動方案）
1. 2. 3. 4.	1. 2. 3. 4.	1. 2. 3. 4.	1. 2. 3. 4.

稻盛和夫提出的一個公式我非常認同：

人生·工作的結果 = 思維方式 × 熱情 × 能力。

總是看到別人的問題而沒有反省思維的人，思維方式是負分，而一個有反省思維的人，思維方式是正分。

如果思維方式是總是看到別人出錯自己卻不反省，人生·工作的結果便是「-10×10×10=-1000」。

思維不對，努力白費。

人最大的進步，來自對日常工作的檢討總結。沒有檢討，人就會在一個錯誤的地方重複犯錯，沒有經驗累積。

檢討是把經驗變成能力的過程，只有不斷檢討，你才能不斷進步。

最後，我把任正非的一句話送給大家：「**只有不斷地自我批判，才能使我們儘快成熟起來。**」

DAY.
20

【檢討計畫】執行清單

檢討日記 （按照文中給的檢討例子，用這個表格檢討自己的經歷）		
類別	今天發生的事 （場景重現）	分析總結 （提煉方法）
學習 情況		
人際 交往		
財富 增長		

檢討日記 （按照文中給的檢討例子，用這個表格檢討自己的經歷）		
類別	多提幾個問題	解決問題
學習 情況		
人際 交往		
財富 增長		

底層邏輯 *21*

職場效率飛升，10倍速成長

最近，我的同事遇到一個非常難搞的問題，在幫我發社交平台訊息的時候，他說自己一整天都在梳理要發在社交平台上的文字稿。對此我感到非常詫異。

我想這不是用一個錄音轉文字軟體就能解決的問題嗎？

後來我發現他真的每天都在打字，把我的影音先聽一遍，再用他自己的理解來做文字整理，一字一字地輸出，不僅影響自己的身體，還消耗很長的時間。

這讓我想起一句話：人類只有發明了工具，所以才成為人類。

假設沒有發明創造，人類就不能成為現在的人類，甚至人類都無法從動物界脫穎而出。但正是因為有了發明創造，特別是在工具上的發明，人類才不斷超越自己，取得今天的成就。

針對你現在遇到的困難、難題等，你首先要想的是是否可以通過工具解決。

在職場，工作效率就是你的核心競爭力。面對那些瑣碎的重複勞動，你要用 20% 的時間快速解決，剩下 80% 的時間放在能快速提升價值的事情上。

遇到這些事，不要害怕或者不好意思。你可以大膽去去問，

比如你做一個海報，有沒有什麼軟體三步就能搞定；你做一個頭像，用什麼軟體可能兩步就搞定，而且還很美觀。有高效的方法就要學會去使用，要不然你就會陷入低效的怪循環。

我之前有個實習生，為了梳理我準備了一兩個小時的會議文字稿，直到凌晨 3 點還在一邊聽一邊打字。一個錄音轉文字的軟體，10 分鐘就可以搞定。

古人言：「工欲善其事，必先利其器。」互聯網時代，幾乎所有領域都有讓你高效的產品存在。

我一直是個很「懶」的人，凡事追求輕鬆高效。在職場想要高效，一定要學會做一個「懶人」。

這是 21 天逆襲人生的第 21 天，我們如何提升工作效率？

六大效率工具

這裡推薦六個效率工具，都是我日常使用的，可以幫助你們快速成為效率達人。

第一個叫向日葵。

適用於學生族、上班族。平時出門了，如果領導有什麼事找你，你不必再去拿電腦，只需用你的手機就能遠程控制電腦，收發檔都是可以的。

第二個是 Xmind。

我非常推薦大家在工作生活中運用思維導圖，它可以幫助我們鍛煉系統思考的能力。很多時候我們的思緒是非常亂的，這時候需要一個工具來幫我們整理清楚。Xmind 就是通過思維導圖來幫我們整理思緒的一個工具。

比如說今天我要開會，開會的時候我不知道要講什麼內容，於是我快速寫一個 Xmind，主題是如何做好社交平台，然後將其分成三個分支，第一個做什麼選題，第二個怎麼寫這個腳本，第三個怎麼拍攝……腳本又分為封面、標題、內容……

我會非常直接地用邏輯思維拆解，我可能本來沒有靈感，但是一寫出來我的想法就會迸發出來，最後我會得到一個意想不到的內容框架，再針對每一部分填充一些「血肉」，豐富一下，聽眾也會很容易理解。

第三個是訊飛語記。

因為平時工作開會特別多，需要對各種會議的核心內容進

行總結提煉，所以每次我都會讓我的同事用訊飛語記進行梳理，它語音轉文字的準確率特別高，很多內容形成文稿後直接可以整理成文章發佈。一次會議多次利用，這也是我經常說的，一份時間賣多次。

我經常跟我的同事說，你想在職場生存，好記性不如爛筆頭，爛筆頭不如訊飛語記。

第四個叫創客貼。

之前我有個設計師同事，業務水準是很高的，但我發現她經常加班，設計的圖確實比較好，但出圖效率也確實有點慢。找她聊過之後，我發現她有個問題，什麼類型的圖都要自己設計，追求完美。

我後來跟她說，你要把你的設計工作分類，最重要的那20%的設計圖，你要自己設計；但那80%的簡單海報，你可以直接找範本，用創客貼這種設計軟體快速加字成稿就行了，並不會特別影響美觀。

還是那句話，工作要有重點，工作效率就是競爭力啊。

後來我讓同事都去下載做圖軟體，簡單的圖自己選一個模版，加加字10分鐘就可以完成，也不用特別麻煩設計同事，整個團隊的效率都上來了。

　　大家可以打開創客貼，使用一鍵生成海報功能，或者生成封面標題功能，各種各樣的素材裡面都有。

　　對於工作，記住一句話：**聰明人和非聰明人之間的差別是會不會使用工具。**

第五個是飛書。

　　飛書真的是我用過的最好用的辦公軟體，它不光能支援即時溝通、影音視訊會議，還能支援語音轉文字。此外，它還有一個很重要的功能是協作文字檔，團隊的人共同使用一個文字檔，彼此之間可以看到對方修改的地方。比如專案管理，大家可以一目了然地看到進度，每個責任人需要負責的部分。省時省力，不愧是高效辦公工具。

第六個是 iSlide。

　　你和 PPT 大神的距離可能只是一個軟體，即使你是小白，也能做出非常厲害的 PPT。它裡面有很多好看又好用的範本，你可以根據自己的行業及崗位來選擇主題，還能一鍵生成PPT。簡單來說，你只要輸入內容，它就能給你生成 PPT，隨後你可以自己在此基礎上再優化修改，很方便。

🚀 三大效率意識

學會使用工具，是提升工作效率的第一步，更關鍵的是，你要具備效率意識。工作效率是一條「長鏈」，包括溝通匯報、高效執行、情緒穩定。

下面是給所有希望職場「一帆風順」的你，總結的幾個非常重要的原則，只要你能做到，就一定可以像我一樣職場「一帆風順」，比同齡人走得更遠。

第一，懂得溝通匯報，做溝通能力強的職場人。
職場經驗千萬條，可靠第一條，一定要及時準確、階段性地溝通匯報。

你要知道，領導工作是很忙的，誰能讓領導有掌控感，誰就一定會脫穎而出。職場最忌諱領導給你一個任務，3 天完成，結果你在截止日最後一天給領導了。做得好也就算了，但要是你沒領會清楚領導的意圖，做錯了，這可就是個大麻煩。這是最傻也最容易犯大錯的工作方法。

正確的做法應該是：**階段性匯報 + 正確匯報，時刻讓領導知道你在做什麼，做得怎麼樣。**

這裡有幾個匯報關鍵點：任務接收時，要將你理解的意思

回饋給領導；任務實施時，要匯報你的計畫，實施期間有任何問題或者意外都要及時匯報。最好按照時間週期，每一天都匯報進度，標上重點，避免有任何偏差。

管理大師德魯克說：世界上最沒有效率的事情，就是以最好的效率做一件不正確的事情。

正確匯報一方面可以讓你避免走錯路，另一方面可以讓領導時刻知道你的高效率。

第二，懂得正確做事，做執行力強的職場人。

執行力就是工作效率大殺器。

首先你要知道，在老闆心中，什麼是真的執行力強？「得到」App 聯合創始人脫不花有個觀點：**主動挖掘 + 反訴行動。**

什麼叫主動挖掘？比如，領導說讓你去規劃一下公司社交平台帳號的營運，這時你應該馬上主動挖掘一下。「好的，領導我還有幾個問題需要瞭解一下。我們的社交平台定位是什麼？主要作用是公司宣傳還是產品銷售？階段性目標是什麼？需要投入人力大概是？」先簡單挖掘一些方向性的問題。瞭解完了，你可以說：「我先根據您說的做個初步方案，下午 5 點跟您對一下，您看怎麼樣？」

反訴行動，就是將老闆的回答翻譯成你接下來要付諸的行

動，再講給他聽一次，要調整的地方及時調整。通過階段性匯報，把這個項目順利推進。

很多人說，領導就一句話，我怎麼執行？**其實真正的執行力強就體現在這裡，領導只給了你一個簡單的目標，你卻給出了完整的方案。**

拿我來說，當我把某件事情交給下屬時，我希望下屬可以給出解決方案，就是他覺得做好這件事情可能需要什麼條件。在這些條件中，哪些是他能做的，哪些是需要我來協助的。就拍社交平台影片而言，你應該告訴我做社交平台有這麼幾點要注意：第一點是選題和內容，第二點是拍攝，第三點是發佈，第四點是檢討，第五點是反覆運算。你應該把整體的東西全列給我，讓我覺得我把這件事交給你我可以放心。

這種能力也叫怎麼「從 0 到 1」解決一件事情，所以你一旦成為這樣的人，你就能很快地升職加薪。這是做成任何事情的底層邏輯，掌握這一條，你就可以做成任何事情。

第三，懂得穩定情緒，做容易相處的職場人。
如果你思考問題總是很情緒化，那你的效率也必然很低。

孟羽童為什麼能獲得女性企業家董明珠的賞識，成為最年輕的 1995 年後出生的接班人？看過《初入職場的我們》，大家

就會知道，她是個基本不會有負面情緒的人，很容易和人打成一片。

懂得穩定情緒，維持良好的人際關係，是成為職場精英最基本的技能。穩定的情緒不但會讓你的日常工作順利進行，而且會讓你更容易被領導看到，更容易讓領導相信你是個值得信任的人，因為你不知道什麼時候領導就會從別人口中聽到誇你的話。

要特別注意的是，有一個職場大忌，就是你因為人際關係和某人發生衝突後，突然讓領導給你評理。事實上，即使他當面維護了你或者安慰了你，在心裡也已經把你從「可培養」的這一欄中徹底移出去了。

所以，在職場中不要情緒化地做事，秉持就事論事的態度，會讓你的職場人際關係更好。即使和別人產生了衝突，也要盡量自己解決好。

沃倫・巴菲特經常說的一句話是：「**在我看來，能做好事情的人並不是『馬力最大的』，而是效率最高的。**」

願你們都能成為效率最高的人。

【職場效率提升】執行清單

職場效率提升 （7 個習慣）	具體內容
定時整理桌面	可以用以下 3 個思路： 辦公所需物品放桌上； 使用頻率高的物品放手邊； 使用頻率低的物品放遠處。
2 分鐘原則	凡是 2 分鐘內就可以完成的事，立刻去做，不要猶豫。 檔案命名 1 分鐘就行，不要等到堆積如山再花大量時間整理。 物歸原處幾分鐘，下次再找好輕鬆。 吃完飯立刻洗碗，幾分鐘的事。
隨時記錄	一旦有新安排就馬上記錄。重要的事情要儘快記錄。記事本常放手邊，方便隨時確認排程。
學會做計畫	凡事預則立，學會做年度大事件計畫，月計畫，周計畫。最好每天早上做個晨間計畫，1 分鐘搞定高效率的一整天。

職場效率提升 （7 個習慣）	具體內容
利用碎片時間	學會用碎片時間做前置工作。
三行短日記 總結	三行短日記總結「三行日記」，僅用來整理思維，記錄工作一天後自己的想法。我們是通過寫日記的形式來調整自己的心態，宣洩自己的情緒，從而讓心情放鬆。只有調整好心態，工作才會更順暢。 第一行可以寫今天的經歷和自己的所作所為，最好包含印象最深的一件事、工作中的失誤或自己採取的行動。 第二行可以根據第一行記載的時間，寫出自己關注到的問題和感受。內容可以很主觀，只要寫出真情實感即可。 第三行可以記錄自己對當天採取的行動及得到的結果、感想和教訓。
學會放鬆	不能一味埋頭工作，人的體能是有限的，大腦也是需要休息的，超負荷地工作只會降低工作效率。不會休息就不會工作，適當地放鬆一下，工作區站起來活動 15 分鐘，喝杯水，聽聽音樂都可以讓身心放鬆下來。

逆襲人生 21 個底層邏輯

快速做出改變的高效率成長指南

作　　者：呂白
責任編輯：梁淑玲
封面設計：FE 設計
內頁設計：王氏研創藝術有限公司

總 編 輯：林麗文
主　　編：林宥彤、高佩琳、賴秉薇、蕭歆儀
執行編輯：林靜莉
行銷總監：祝子慧
行銷企劃：林彥伶

社　　長：郭重興
發 行 人：曾大福
出　　版：幸福文化出版社／
　　　　　遠足文化事業股份有限公司
地　　址：231 新北市新店區民權路 108-3 號 8 樓
網　　址：https://www.facebook.com/
　　　　　happinessbookrep/
電　　話：(02) 2218-1417
傳　　真：(02) 2218-8057

發　　行：遠足文化事業股份有限公司
地　　址：231 新北市新店區民權路 108-2 號 9 樓
電　　話：(02) 2218-1417
傳　　真：(02) 2218-1142
電　　郵：service@bookrep.com.tw
郵撥帳號：19504465
客服電話：0800-221-029
網　　址：www.bookrep.com.tw

法律顧問：華洋法律事務所　蘇文生律師
印　　刷：博創印藝文化事業有限公司
初版一刷：2023 年 6 月
初版八刷：2024 年 7 月
定　　價：380 元

逆襲人生 21 個底層邏輯：快速做出改變
的高效率成長指南 / 呂白著 . -- 初版 . --
新北市：幸福文化出版社，遠足文化事業
股份有限公司，2023.06
　　面；　公分 . -- (富能量；68)
ISBN 978-626-7311-08-0(平裝)
1.CST: 成功法 2.CST: 自我實現 3.CST:
生活指導
177.2　　　　　　　　　112005755

Printed in Taiwan　著作權所有侵犯必究
【特別聲明】有關本書中的言論內容，不
代表本公司／出版集團之立場與意見，文
責由作者自行承擔